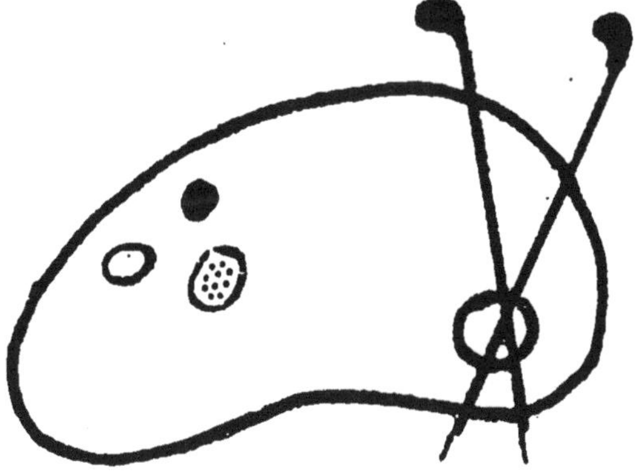

AF476275

P. MANTEGAZZA

Comment SE Mariez ?

L'ART DE PRENDRE FEMME ET DU CHOIX D'UN MARI

PARIS
LIBRAIRIE ILLUSTRÉE
8, RUE SAINT-JOSEPH

COMMENT
SE MARIER?

COMMENT
SE MARIER?

L'ART DE PRENDRE FEMME
ET
DU CHOIX D'UN MARI

PAR PAUL MANTEGAZZA
PROFESSEUR D'ANTHROPOLOGIE
ET SÉNATEUR DU ROYAUME D'ITALIE

Traduction de M. Émilien CHESNEAU

PARIS
A LA LIBRAIRIE ILLUSTRÉE
8, RUE SAINT-JOSEPH, 8

PRÉFACE

DE CHARYBDE EN SCYLLA

FAUT-IL OU NE FAUT-IL PAS PRENDRE FEMME?

Pour la majeure partie des hommes et pendant trente années de leur vie tout au moins, le besoin d'aimer est le plus fort de tous et commande en tyran, sans autre frein que la puissance du code, écrit qu'on ne lit pas, et des conventions sociales, dont aisément on étouffe la voix, en les drapant du manteau de l'hypocrisie, une hypocrisie bien vêtue, bien peignée et surtout bien élevée.

Comment ce besoin, synthèse des besoins humains, peut-il se satisfaire?

*

Par l'achat de l'amour, à l'heure, au mois, à l'année.

Par le rapt.

Par le mariage.

Il semble que ces trois modes soient absolument distincts, s'excluent l'un l'autre et, par comséquent, se combattent ; mais quand l'hypocrisie tient le gouvernail du navire et le conduit sur la vaste mer de la vie, elle sait louvoyer avec assez d'astucieuse habileté pour jouir concurremment de ces trois façons d'aimer ; et, naviguant à travers les écueils, sans péril ni naufrage, elle s'offre le plaisir d'un voyage à travers un bel archipel dont les îles et les îlots mêlent leurs sites qui semblent se toucher presque ; alors les montagnes, les panoramas se confondent en un seul tableau d'un pittoresque ravissant.

Elle glisse sur les eaux calmes du mariage, mais se rapproche aussi des terres de l'amour vénal, sous prétexte d'y cueillir des fleurs, d'y ramasser des coquillages et des perles précieuses. Elle vogue sur la mer plus agitée de la rapine, mais côtoie en même temps l'île des amours poétiques, fidèles et constantes, de sorte que vice, adultère et paix domestique, libertinage et serments éternels, ange et brute se trouvent conviés à une même fête et s'asseoient familièrement à la même table, sans fausse pudeur et sans remords.

La civilisation ayant ouvert à l'homme de notre temps trois voies vers l'amour, il semblerait qu'étant libre d'en choisir une, il devrait se tenir pour content. Mais, non ! l'homme civilisé, par nature, ne peut être satisfait, parce que, dans son cœur, palpite éternellement le désir de l'*excelsior*, parce que la soif du *mieux* le dévore et que la faim du *plus* le consume. Et lui-même, chaque jour, s'amuse à démolir les barrières et les murs qui séparent les trois routes, afin de pouvoir aisément et sans risque, passer de l'une à l'autre par des chemins de traverse ; de sorte que mariage, prostitution, adultère marchent de front et que, s'ils se boudent en public, par contre, plus tard, dans le secret du foyer, ils se font les yeux doux et dînent et soupent ensemble.

Si tout cela arrive, dira un Turc, c'est que

cela doit arriver. Si tout cela se peut faire, dira un optimiste épicurien, arrangeons-nous pour naviguer sur cette mer calme ou tourmentée et confions la barre à la sainte hypocrisie.

Mais je ne suis ni un Turc ni un cynique, et je crois encore au progrès moral, j'ai confiance en l'efficacité des livres et de la parole parlée; et quand je serais seul à croire qu'il n'y de bonheur vrai que dans le bien, qu'il n'y a de joie que dans la sincérité et dans la conformité de la vie intérieure à la vie extérieure, je mourrai avec mes conviction, malgré tout, malgré tous.

A table, j'aime la salade, mais en morale non pas. Je veux le lupanar d'un côté et, de l'autre, la famille, et quand deux êtres vivant ensemble sont devenus bourreaux l'un de l'autre, j'estime que la loi doit trancher avec l'épée du divorce la chaîne qui les unit et leur rendre la liberté. Les trois manières d'aimer doivent être disjointes l'une de l'autre et ne se confondre jamais; et bien loin d'abattre les murailles qui les séparent, je voudrais que ces murailles fussent exhaussées et devinssent d'infranchissables remparts.

***

De ces trois voies pourtant une seule est à suivre pour qui veut demeurer honnête et atteindre au bonheur. Dans celle de la rapine s'engagent seuls les voleurs, les brigands et les assassins. Dans la troisième, celle de l'amour vénal, trop fréquentée aujourd'hui, cheminent presque tous ceux qui invoquent, qui désirent un idéal lointain, dont la réalisation fermera cette dernière route elle-même, ne laissant libre que celle du mariage, garanti cependant dans sa propre dignité par le divorce.

Mais le mariage est-il toujours possible, toujours facile?

Non. Souvent il est impossible, toujours il est difficile. Sur le seuil l'honnête homme s'arrête épouvanté et médite, comme devant le plus grave, le plus inextricable, le plus obscur des problèmes de la vie.

Le malheur est que les peureux et les méditatifs sont les meilleurs, et que souvent la peur est si grande, la méditation dure si longtemps, qu'ils arrivent à la vieillesse sans avoir résolu le problème, et sans avoir édifié un nid familial.

Au contraire les imprévoyants, les casse-cous, les aigrefins se jettent tête baissée dans le chemin du mariage, et, quand il leur arrive de se débattre quelques instants dans les affres du doute, ils imposent tout à coup silence à leur hésitation, à leurs remords, et s'écrient, à part soi :

« Si la chose tourne à mal, si sur cette route je trouve épines et orties, j'en serai quitte pour m'ouvrir d'un bon coup de serpe un chemin de traverse, et j'achèterai de l'amour comme tant d'autres ; ou bien, comme tant d'autres encore, j'irai chercher l'amour dans la maison d'un ami ou d'un voisin. A cet égard la morale est assez large, l'indulgence du public assez miséricordieuse pour que je puisse me payer une petite violation de domicile sans encourir aucune peine du Code. Mahomet, lui-même, si sévère d'habitude pour toutes les transgressions de la loi écrite, quand il parle des péchés d'amour même les plus graves, a soin d'ajouter toujours : « Mais Dieu est bon et miséricor- « dieux. »

Et là-dessus, tous, sans avoir écrit le Coran, pensent comme Mahomet : pour les péchés d'amour : « Dieu est grand et miséricordieux. »

Pourtant moi qui suis un avocat très ardent du mariage pour moi et pour les autres, je souhaite de toutes les forces de mon âme que les gens honnêtes et sages prennent femme, afin d'accroître dans les générations futures le capital de l'honnêteté et de la sagesse, et je prêche et prêcherai toujours, jusqu'à mon dernier soupir :

« Mariez-vous! La mariage est encore et sera toujours la forme la plus saine et la plus idéale de l'amour. »

Puis, j'ajoute aussitôt :

« Mais réfléchissez bien. Pour la solution de ce problème, le plus important qui soit dans la vie, réunissez tous les efforts de votre pensée, de votre intelligence; rassemblez tout ce que vous avez de meilleur en vous, tout ce que vous avez de plus sincère parmi ceux de vos conseillers qui sont aussi vos amis. »

Suivez également la méthode enseignée par ce Dieu du bon sens qui s'appelle Benjamin Franklin. Prenez une feuille de papier, et, après l'avoir pliée de façon à obtenir deux colonnes distinctes, écrivez d'un côté tous les avantages que peut vous procurer un mariage à votre fantaisie et, de l'autre, tous les maux, tous les périls qui en peuvent advenir pour vous. Ce travail d'analyse achevé, efforcez-vous de mesurer la valeur des éléments opposés, en effaçant ceux qui semblent se détruire eux-mêmes — comme en algèbre : $+3-3=0$ — et voyez ce qui reste sur votre papier : à savoir si le bien prédomine ou si le mal l'emporte.

Je connais, moi-même, toutes les erreurs dans lesquelles vous pourrez tomber. Je sais que dans la colonne du bien, si vous êtes amoureux, vous écrirez avec de l'encre rose et que pour celle du mal vous adopterez une encre très noire. Mais de quelque façon qu'ils soient conduits, cette analyse, ce démontage méticuleux vous obligeront, sans que vous vous en doutiez, à considérer une foule d'éléments qui vous auraient échappé, de même que pour compenser la faiblesse de vos yeux, vous vous servez d'un microscope d'une grande puissance de pénétration.

Car vous devez étudier le mariage d'abord avec vos propres yeux, puis avec le microscope, enfin avec le télescope. Avec vos yeux vous dégrossirez le problème; le microscope vous fera pénétrer dans tous les méandres de votre amour quand vous le décomposerez en ses cellules, en ses fibrilles intimes; tandis qu'à la fin, le télescope vous montrera ce qui adviendra, dans l'évolution du temps, de votre passion, de votre désir.

Si après avoir opéré avec vos propres yeux, avec le microscope et le télescope, vous voulez bien aussi lire ce livre, vous y trouverez la parole sincère et sans passion d'un homme qui s'est fait médecin pour étudier ce qu'il y a de meilleur dans l'homme; qui a commencé par s'analyser, étant l'homme qu'il avait le plus près de lui et qui, à cette étude quotidienne, incessante, a consacré *quarante-six* gros volumes encore inédits.

Entendez la voix d'un homme qui a étudié aussi et surtout la femme, parce qu'il la juge la partie la meilleure de l'humanité, et qui l'a aimée plus que toute créature terrestre, convaincu qu'elle est la source originelle et la plus grande de notre bonheur.

Je sais bien qu'après avoir appliqué la méthode franklinienne à l'étude du problème du mariage, après avoir ouvert les yeux, après les avoir appliqué au microscope ou au télescope, et aussi après avoir lu ce livre, vous pourrez vous tromper : mais vous aurez la conscience pure de tout remords, sûr pour votre part d'avoir tenté le possible et l'impossible pour atteindre au bonheur.

Le navire commandé par un capitaine brave

et savant peut se perdre, même quand il est bien construit et muni d'une bonne boussole; mais, pour un de ceux-là, cent autres se perdent qui n'ont pas de boussole ou sont commandés par un capitaine ignorant ou pris de vin.

Et tous ceux qui prennent femme sans réfléchir très profondément, longuement, au problème très abstrait du mariage me font l'effet de ces capitaines, ivrognes et ignorants, qui se lancent sans boussole sur la plus orageuse des mers.

PREMIÈRE PARTIE

L'ART DE PRENDRE FEMME

Aux impatients qui trop vite veulent prendre femme,

Aux libertins qui se marient trop tard,

Aux hésitants qui, balançant entre oui et non, ne se décident jamais,

Ce livre est dédié par un homme, qui a toujours béni son premier mariage, qui espère aussi bénir le second, et qui voit en ce contrat sexuel, malgré ses défauts et ses périls nombreux, la forme la moins mauvaise du lien qui unit l'homme à la femme.

CHAPITRE PREMIER

LE MARIAGE DANS LA SOCIÉTÉ MODERNE

L'homme est pour soi-même le plus habile et le le plus infatigable des contradicteurs.

Il prétend être un ver de terre, mais se croit fils de Dieu; il s'habille pudiquement, mais se vante de déshabiller le plus grand nombre possible de ses sœurs en Jésus-Christ; il est d'autant plus orgueilleux qu'il s'humilie davantage, d'autant plus égoïste qu'il proclame plus haut sa générosité; adorateur de la liberté en théorie, dans la pratique, il se fabrique chaque jour des tyrans.

Pour le moment, je veux m'occuper seulement de cette manie. A l'entendre, l'homme place la liberté au-dessus de tous les biens de la terre. Si Adam a perdu le Paradis terrestre, c'est pour n'avoir pas pu tolérer le joug d'une prohibition divine; s'il a arrosé la terre de son sang, c'est parce qu'il a préféré le pain dur du libre citoyen à la chaîne dorée de l'esclave; s'il a élevé des monuments à Spartacus, à Balilla, à Garibaldi, à Washington, c'est parce que son premier titre de gloire est la liberté ; puis, la terre libre ayant bu le sang, les monuments oubliés, les tyrans morts, il a intronisé d'autres despotes *proprio motu* ; peut-être pour se procurer le plaisir de les abattre plus tard. Que ne cherchait-il une occupation innocente et agréable, quelque chose qui lui restât à faire après avoir mangé, dormi, aimé ?

Parmi les tyrans les plus anciens que nous ayons fabriqués à notre usage, il faut placer les *nombres* en première ligne.

Quand Dieu a fait le monde, il a complètement oublié de créer les nombres, mais nous avons corrigé la création sur ce point. Dieu n'avait pas dénombré les étoiles du ciel, ni les gouttes d'eau de la mer, ni les feuilles des arbres, ni les insectes sur la terre. L'infini en haut, l'infini en bas, l'innomable et l'incommensurable partout.

Mais nous avons réparé ce grand oubli du Créateur, nous avons posé des nombres partout ; nous en avons fait nos maîtres dans le monde des choses vivantes et des choses mortes ; nous nous laissons tyranniser par eux en chacun des actes de la vie quotidienne les plus terre à terre, comme à chacune des pages de notre histoire ou de nos croyances philosophiques. Si des révolutions ont été faites pour obtenir la constitution et la liberté de la presse, pourquoi personne ne s'est-il encore rebellé contre la tyrannie du nombre?

Quien sabe?

Qui jamais achètera 11 ou 13 œufs ?

Personne, parce que 10 et 12 sont nos tyrans minuscules.

Qui jamais donnera à son propre fils, 9 francs ou 99 francs?

Personne, parce que 10 est un tyranneau et que 100 est un tyran plus redoutable que 10.

Qui ne s'est jamais senti écrasé par le joug du nombre 1.000, du nombre 100.000 ; qui n'a jamais subi dans le langage, dans la conduite de la vie la tyrannie du million.

Et les siècles qui sont, après tout, autant d'expressions numériques, quelles théories n'ont-ils pas évoquées des entrailles de l'histoire ; quels faux baptêmes n'ont-ils pas inscrits dans les annales du temps, quelles révolutions n'ont-ils pas différées et combien n'en ont-ils pas allumées, par la seule puissance des nombres ?

Depuis peu d'années nous assistons à l'une des plus déplorables humiliations de notre pensée; la mort de cet incube arithmétique : le XIXe siècle, qui va laisser la place au XXe siècle.

Il s'en manque encore de cinq années pour que ce cataclysme numérique se vérifie et qui sait combien de livres seront écrits sur le siècle qui meurt, combien de prophéties sur le siècle qui naîtra de lui, quels torrents de philosophie et d'encre ne seront pas versés pour discuter sur le passage du nombre 19, qui s'arrête, au nombre 20.

Pourtant les siècles n'existent pas, sinon sur le papier ; mais après les avoir créés nous-mêmes, nous adorons, nous élisons librement nos tyrans, quitte ensuite à rire des pauvres sauvages, lorsqu'ils taillent dans un bout de bois, dans un bloc de pierre, le Dieu devant lequel ils s'agenouillent en tremblant.

Et nous tremblons, nous, devant les nombres ! — Idoles de la pensée, eux aussi, faits à notre usage, conformes à nos coutumes, et en rapport avec notre misère et notre débilité intellectuelles.

Pour mon compte, je ne vois, lorsque je regarde en moi, qu'une infinie continuité des choses et du temps, et je ne me laisse pas intimider par la cabale des nombres, qui peuvent divertir comme un jeu de cartes, mais que nous devons estimer pour ce qu'ils valent : le pauvre signe d'une plus pauvre chose.

Le *siècle qui meurt*, *fin de siècle*, et toutes ces phrases à sensations, qui veulent dire beaucoup parce qu'elles ne signifient rien, toutes ces exclamations, éloquence de ceux qui ne sont pas éloquents, ne m'émeuvent ni peu ni prou. Je regarde derrière moi et je vois, *hier;* je regarde autour et je vois *aujourd'hui ;* je regarde devant et je vois *demain*, les trois temps du devenir, qui n'ont pas de nombre et n'en auront jamais car ils se succéderont toujours, sans repos, en suivant les grandes étapes de notre voyage, non pas de conserve avec le millésime des siècles, mais en compagnie d'un *regret*, qui deviendra une *espérance*, puis une *foi;* pour redevenir par la suite regret, espérance et foi, sans trêve, incessamment.

J'ai tenu à inscrire cela aux premières pages de ce livre pour bien établir que ceux qui tenteront de dessiner les contours du mariage dans notre Société moderne, devront renoncer aux *siècles qui meurent*, aux *fins du siècle*, à toutes les phrases à effet, qui me font tant rire, de la réthorique et du sentimentalisme basés sur les nombres. — J'ai haï, je hais, je haïrai jusqu'à mon dernier souffle toutes les formes de la tyrannie et par-dessus tout la tyrannie du nombre.

Et regardant autour de moi, je dis : aujourd'hui les hommes se marient de telle façon, et non autrement, parce qu'ils sont fils d'un hier dont aujourd'hui est issu; puis, regardant en avant, j'espère que demain sera meilleur qu'hier et qu'aujourd'hui, et, pour ma part, je m'efforce par ma plume, aidée de mon expérience, éclairée par mes études, à ce que ce mieux arrive le plus tôt et avec le moins de peine possible : *vite*, *sûrement*, *heureusement*, comme disait Celse.

Dans notre société civile le *moins* mauvais parmi les nombreux et divers modes d'union de l'homme et de la femme en vue de la conservation de l'espèce, est le mariage. Il est la résultante d'une foule de siècles d'évolution historique, d'éléments sensuels, moraux, religieux, législatifs, qui sont venus en conflit à travers le temps.

Les lointains atavismes d'enlèvement de la femme, les paroles saintes des prophètes inspirés, la prépotence des grands, l'avidité de l'argent, les ravissements d'amour et les héroïsmes du cœur, ont apporté chacun un élément propre sur l'autel du mariage ; mais avant que le sacrement soit accompli, que le prêtre ait envoyé au ciel la fumée de son encens, arrive toujours l'homme souriant et affirmant :

« Tout cela est mon bien. Je suis le seul et unique prêtre de ce rite, l'unique ministre de cette religion. »

Et de ses pattes velues, mêlant le divin et l'humain, déposés sur l'autel, il forme un chaos des choses les plus diverses, les plus hautes et les plus basses, les plus sublimes et les plus ignobles; ce chaos est le mariage.

Maudire cet amour promis par contrat est inutile, le supprimer, impossible ; lui substituer quelque chose de mieux, absurde — aujourd'hui du moins. Il ne reste qu'à l'accepter comme la moins mauvaise des unions sexuelles, à l'améliorer avec lenteur, prudence et sagesse :

Par le libre choix des deux parties éclairé par la raison.

Par le divorce.

Ni le prince ni le pauvre n'ont besoin de ce livre. Le premier se marie plus mal qu'aucun citoyen de son royaume, sans amour, sans sympathie : par raison dynastique.

Pour lui le trône d'abord, puis la famille ; la raison d'Etat et, s'il a le temps, les baisers d'amour.

Il est vrai qu'il pourra se consoler aisément avec les baisers faciles de la Vénus Pandémie (1), qu'il pourra aussi profiter d'un des plus ridicules privilèges du moyen âge : du mariage morganatique. De toutes façons ministres, députés et journalistes, parfois, s'ingénient à le marier. L'art de prendre femme est pour lui presque un non-sens.

Plus heureux que le prince, le prolétaire peut prendre la femme qu'il aime, et dans son choix s'éclairer des conseils de ceux qui ont beaucoup aimé ou beaucoup péché; mais il ne lit pas les livres parce qu'ils coûtent trop cher, et aussi parce que, quand bien même les lois seraient arrivées à rayer sa rubrique de la liste des illettrés, il n'a pas le temps de lire, harcelé qu'il est par la tyrannie du pain quotidien.

Je n'écris donc ni pour le prince ni pour le prolétaire, mais pour cette multitude humaine qui vit et grouille entre les deux pôles de la so-

1. Dans le texte italien *Vénus Pandemia* n'a pas d'analogue en français, et pourrait se traduire par : La Vénus de Monsieur Tout-le-Monde, par opposition à *Vénus Vaga*, La Vénus céleste.

ciété moderne, et constitue le véritable nerf d'une nation.

Comment s'unissent tant de millions d'hommes et de femmes?

De différentes manières, mais parmi celles-là une seule est consentie par la morale, approuvée par la religion : le mariage, unique base légale de la famille. Toutes les autres sont contrebandiers qui, seuls ou en bande, se faufilent par des chemins de traverse, mais fraudent la nature d'une façon ou de l'autre, enviant toujours ceux qui ont honnêtement payé à l'octroi la taxe du droit de consommation.

Sans crainte de se tromper, on peut dire qu'une société est d'autant plus civilisée et plus morale que plus grand est le nombre de ceux qui sont mariés et plus petit celui de ceux qui, en amour, vivent de rapine, qu'elle soit faite à main armée sur la voie publique ou qu'elle affecte la forme du vol domestique.

Mais notre société moderne est malade de la fièvre de l'or, affection aussi vieille que l'homme et qui, de notre temps, se revêt des caractères de la marche d'une véritable épidémie ; plus qu'aucun élément elle contribue à contaminer les racines du mariage.

L'instruction répandue, le rapprochement des hiérarchies sociales ont démesurément accru nos besoins et plus spécialement ceux qui sont les plus constants, c'est-à-dire ceux de la pensée et des hautes émotions esthétiques, sans avoir, pour cela, élargi les sources de la production. Nous autres, de condition moyenne ou inférieure, nous sommes tous pauvres, beaucoup plus pauvres que nos pères ou nos aïeux. De la naissance à la mort, le budget domestique nous écrase, nous tourmente, et l'arithmétique nous plonge la pointe aiguë de ses chiffres, à travers la peau, jusqu'au plus profond du cœur, avilissant toute joie, gâtant toute la sainte et féconde poésie de la vie.

Invités au génial banquet de la civilisation moderne, qui nous offre tant de nouvelles délices, nous sommes tous comme le pauvre employé qui, cédant au respect humain, se laisse entraîner à une fête par des compagnons plus riches, et qui, parmi les joies de la musique, de la danse et des coupes pleines, tourmente sa poche en se demandant quand et comment il pourra payer son écot.

Au prix de quelles fatigues n'avons-nous pas gagné les quelques francs qui gonflent la bourse d'un homme de condition moyenne! Quelle torture n'avons-nous pas subies avant de les étaler au soleil en les accompagnant d'une caresse presque convulsive! Comme elle est instable la situation de tous ceux qui vivent d'une rente de 1.000 à 3.000 francs! Et comme ce chiffre s'élargit chaque jour pour arriver enfin aux 10.000, aux 20.000, aux 30.000 livres de rente sous l'influence de la fièvre croissante du désir, de l'angoisse de la vanité et de l'orgueil de la hiérarchie !

Voilà pourquoi l'amour seul devrait conduire au mariage, tandis qu'au contraire, il est le dernier invité à ce contrat dans lequel les sous, avec la toute-puissance de ceux qui se savent invincibles, commandent suivant les circonstances.

L'argent, l'argent, et encore l'argent : voilà l'arbitre en premier et en dernier ressort du plus grand nombre des mariages.

Prendre femme veut dire s'appauvrir, si la femme ne vous aide pas à édifier le nid de la famille nouvelle; cela veut dire se jeter dans un abîme ténébreux et sans fond; cela signifie se condamner à la torture quotidienne et dévouer aussi à cette lutte ses fils dans l'avenir.

Notre dignité voudrait que la considération de la dot de la femme n'entrât ni peu ni prou dans les motifs de notre choix. L'idéal serait plutôt de pouvoir offrir à notre compagne, en même temps que notre main et notre cœur, les richesses ou au moins l'aisance, et de lui pouvoir dire :

« Vois mon trésor ; tout ce qui est à moi est à toi et tu me dois tout; mais je serai toujours ton débiteur parce que tu m'as donné ton amour. »

Tout cela est beau, tout cela est grand, et tout homme qui a conscience de sa propre virilité physique et morale voudrait pouvoir le dire ; mais combien le peuvent, en réalité?

Très peu, personne presque !

Et alors le jeune homme qui voudrait aimer dans les voies du Seigneur et se faire un nid, s'effraye et renonce au mariage, dans lequel il ne voit qu'une porte ouverte sur la misère ou une bassesse; il y renonce franchement et pour toujours.

Ce sont les célibataires les plus honnêtes; mais en fin de compte: où? à quoi doit les conduire leur honnêteté?

Chez les plus honnêtes la vertu consiste à ne pas attenter à la pureté des filles ni à la fidélité de la femme d'autrui; elle les conduit donc à cette dégradation: transformer l'amour en une question d'hygiène périodique, réglée sur les dates du calendrier, dates dont la plus impérieuse est le 27 du mois.

Pauvre amour, pauvre traduction du poème le plus épique de la vie! Autant vaudrait translater Homère dans un dialecte australien!

Ces hygiénistes du célibat sont pourtant une petite majorité. Les autres prétendent à quelque chose de mieux et de meilleur et font l'amour dans la maison d'autrui, vivant d'une rapine abjecte, avilissante et quasi usuraire.

C'est la plaie sordide, le chancre du mariage moderne; c'est la gangrène de notre société qui répand autour d'elle un relent nauséabond de trahison domestique, de miasmes moraux, capable de la contaminer et de l'infecter toute.

Gare à nous si, dans toutes les familles, les petits enfants en venant au monde, pouvaient proclamer à haute voix le nom de leur père! Combien de fausses lettres de change ne seraient pas protestées? Quel nez n'allongeraient pas les biologistes qui étudient ingénûment les lois de l'hérédité? Quel horrible tableau de trahison, de simulation de tous côtés. La société moderne apparaîtrait tout à coup, comme une bande de faussaires, et le ventre de la femme comme une matrice de fausse monnaie!

Mais les petits enfants ne savent que pleurer leur premier salut à la vie, et lès entrailles des femmes continuent leur industrie de faux monnayeurs.

Dans cette galère des trahisons, dans cette fabrication clandestine, dans cette émission de bâtards, je ne condamne pas la femme plus que l'homme. Si celui-ci s'attaque à la femme et attente à sa vertu, c'est qu'il a le droit de vivre. Si la société ne lui accorde pas celui de se marier, c'est parce qu'elle ne partage pas entre les affamés la table de celui qui mange trop. Tous les travailleurs de l'Europe ne disent-ils pas qu'un des premiers de tous les droits est le droit au travail?

N'existe-t-il pas, cependant, un droit plus sacré, le droit à l'amour, qui est, en somme, le travail suprême; celui par lequel la nature sacrifie à l'individu? celui par lequel elle lui consacre le meilleur de son énergie?

Que les maris se défendent si nous les attaquons; et s'ils sont vaincus, c'est qu'ils ont tort; *tant pis pour eux!*

Et les pauvres femmes? pourquoi ne se distrairaient-elles pas des ennuis quotidiens de la couche nuptiale par quelque escapade amoureuse?

N'en est-il pas qui ont été liées, pour toujours, à un homme qu'elles n'avaient jamais aimé, que peut-être elles avaient vu une seule fois? N'en est-il pas qui ont été vendues comme une simple marchandise par leurs père et mère, leurs parents, leurs tuteurs ? Dont la dot fut cotée au prix d'un blason? Et elles n'auraient pas le droit d'aimer ?

Et toutes les autres qui ont eu la fortune d'aimer l'homme qui leur avait donné son nom ; qui se sont jetées dans ses bras, lui livrant cœur, pensées, sens, heureuses de pouvoir se fondre en lui, pour lui; qui rêvèrent de faire de mariage le synonyme d'amour, et qui, au contraire, surprirent au bout de peu de mois leur mari dans les bras d'une ancienne maîtresse, parfois dans le lit d'une femme de chambre : toutes ces femmes n'auraient pas le droit de se venger ?

Voilà ce que le mariage nous représente tous les jours sur une foule de petites scènes qu'on appelle les maisons des hommes.

Sur ces théâtres pourtant — il convient d'être juste et de ne pas tomber dans l'exagération — on représente plus de farces que de comédies et plus de comédies que de drames. Bien rares sont les tragédies. Pour cette forme haute de l'art dramatique il faut des héros, et ceux-ci, généralement manquent dans la vie moderne. Nous avons rapetissé les maisons, les statues, les tableaux, les jardins et nous avons dû aussi rétrécir les maisons. Le revolver et le poignard figurent encore dans la chronique du mariage, mais à titre de phénomènes. Au contraire sur les tréteaux domestiques la peine du talion, les petites vilenies, les transactions de conscience sous toutes les formes et à tous les prix, sont communes. Les ménages à trois sont d'amusants tableaux de genre, et les hypocrisies des maris qui ne veulent pas voir, parce qu'ils détestent les querelles, figurent chaque jour au compte courant du mariage.

Ils vivent et laissent vivre, appliquent même à la famille la noble institution moderne de l'association coopérative, arborent dans la maison la grande bannière, de l'association des forces : Un pour tous, tous pour un.

L'infidélité et la trahison ne sont pas les uniques tares qui corrodent le mariage. Il y faut ajouter toutes les discordes domestiques qui naissent de l'inégalité des besoins des sens, du cœur, de la pensée, et aussi de l'humiliation quotidienne de l'orgueil, du luxe, de la vanité de caste, de la terrible disproportion des sentiments et de l'intelligence. Il y a aussi les alliés de la femme et du mari qui, pour leur propre compte, se font la guerre, compliquant les problèmes, envenimant les blessures, rouvrant à chaque trait les plaies que le temps et l'amour avaient pieusement cicatrisées.

Si la guerre dans le mariage est une exception,

la paix est encore plus rare et nous pouvons dire que nous vivons dans chaque maison sur le pied de la paix armée en un milieu qui énerve la force, dessèche les sources les plus pures de la tendresse, détruit la félicité. — En un mot, à la façon dont est constituée aujourd'hui notre société, dans l'union de la famille l'enfer n'est pas commun, le paradis est rarissime et le purgatoire de tous les jours.

Pourtant le mariage est encore et sera toujours la moins mauvaise des associations entre l'homme et la femme ; il peut et doit en devenir la meilleure et accroître la félicité humaine, ce qui est à mon sens le plus haut et le plus vrai de tous les progrès.

A quoi sert de parcourir l'espace à la vitesse de soixante-dix kilomètres à l'heure, et d'accomplir le tour du monde en trois mois; à quoi sert de communiquer par le téléphone et d'apercevoir les nuages dans le ciel de Mars; à quoi bon cette fécondité de livres et ces alluvions de journaux, sinon à accroître le patrimoine des joies humaines.

Aujourd'hui, à la façon dont on le comprend, le mariage peut rendre heureux de la même manière qu'un numéro à la loterie peut rendre riche ; mais souvent après vous avoir ouvert une porte sur la possibilité du bien, il vous en ouvre deux sur celle du malheur. Qui dit ce *oui* fatal devant un maire écharpé aux trois couleurs nationales laisse tomber un grain dans le plateau de la balance qui mesure notre bonheur, il en laisse tomber deux sur celle qui fixe notre fortune. Il dépend de lui de faire la culbute, mais il appartient à la société de protéger le mariage contre les périls qui l'entourent, par de sages lois inspirées, non par des rêveries du cœur ou du mysticisme théocratique, mais par une profonde connaissance de l'homme.

Il y a vingt ans, dans la *Physiologie de l'amour*, j'ai rompu une lance en l'honneur du divorce car j'espérais alors qu'il serait inscrit, à l'heure où nous sommes, parmi les lois de mon pays. J'écrivais :

« Le divorce doit être inscrit le plus tôt possible dans les lois de notre pays. Les époux heureux le réclament pour rassurer leur dignité qu'un lien tyrannique offense ; ceux qui sont malheureux, ceux que le hasard ou leur propre faute condamne à la pire des tortures humaines, un esclavage sans rédemption, un joug sans rémission, une flagellation sans remède, une douleur sans espérance, l'implorent à genoux. »

Aujourd'hui le divorce n'est pas encore écrit dans le code italien, mais l'opinion publique le veut et elle l'aura. Personne, à l'heure présente, n'oserait s'y opposer avec les armes ébréchées fournies par l'Église ; beaucoup y mettent encore obstacle au nom des enfants et de la sainteté de la famille.

Trop nombreuses sont les victimes innocentes du mariage pour que leurs voix ne soient pas écoutées ; et quand le législateur saura entourer le divorce de toutes les garanties les plus prudentes, il accroîtra la sainteté de la famille, en délivrant les enfants d'un spectacle à la fois cruel et repoussant, celui de parents qui se haïssent et vivent sous le même toit, qui s'assassinent d'intention et demeurent rivés à la chaîne du forçat, sans avoir le courage ni la force de la rompre.

Ce qui précède est affaire aux législateurs, ce qui suit, appartient aux autres directeurs de conscience, écrivains, maîtres, pédagogues. — Ils doivent diriger l'éducation de la femme, lui apprendre ce qu'est l'amour, ce qu'est le mariage, afin qu'elle ne se donne pas pieds et poings liés par un pacte qu'elle ne connaît pas, sinon par ouï-dire, afin qu'elle n'entre pas, dans la nuit de l'avenir guidée seulement par l'autorité du père, de la mère ou du prêtre. Les chances de mésaventure sont pour la femme cent fois plus grandes que pour l'homme, parce qu'elle est beaucoup plus ignorante que nous des choses des sens et qu'elle va à l'autel ou à la mairie ignorante de tout, — comme un innocent agneau traîné à l'abattoir.

A la façon dont est constituée notre société, l'unique profession possible pour une femme est celle d'épouse et de mère, et c'est à ce rôle qu'on la dresse dès l'enfance; ce n'est pas suffisant pour qu'elle soit une femme exemplaire ni une mère parfaite, mais tout juste pour qu'elle puisse trouver un mari, et, si possible, l'idéal des maris: c'est-à-dire un homme beau, jeune et riche. Elle est passée maîtresse dans l'art de pourchasser en secret, avec malignité, ce rare sauvageon qu'on appelle un bon mari; ce n'est pas suffisant pour qu'elle le rende heureux, en trouvant le bonheur pour elle-même, mais juste ce qu'il faut pour augmenter ses propres rentes, et, si possible, sauter un ou plusieurs degrés sur l'échelle de la hiérarchie sociale. Aisée, elle veut devenir riche, riche, millionnaire; si elle est bourgeoise, elle rêve de conquérir un titre de comtesse ; si comtesse, une couronne de marquise ou de princesse. C'est à cela qu'elle doit viser, vers cette fin qu'évolue toute son éducation.

Or, le mariage ainsi conçu devient la base d'une industrie, élevée au niveau d'une association des cœurs et des esprits ; et chacun des deux compagnons, en regardant l'autre avec amertume peut penser :

Tu m'as acheté.

Je me suis vendue.

Nul ne peut laver cette tache originelle qui souille le mariage. En vain l'aiguillon de la richesse, le faste de la hiérarchie, le prurit du bien-être domestique jettent des fleurs sur ces plaies pour les cacher. A la moindre bisbille, au plus léger nuage qui couvre le ciel de la vie commune, au fond de la conscience troublée, comme évoquées par un esprit malin, retentissent les fatales paroles :

Tu m'as acheté.

Je me suis vendue.

Et quand richesse, plaisir, vanité n'ont plus le moindre oripeau à jeter sur la plaie cancéreuse, alors apparait le squelette horrible et nu d'une spéculation qui a mal tourné, d'une affaire qui n'a pas réussi, les rancœurs s'accumulent, puis apparaît la guerre perpétuelle, furieuse, envenimée par un désespoir chronique ; la forme la plus agaçante de la douleur humaine.

Cela ne suffit pas encore. Comme dans un accès de névralgie, la douleur sourde et continue, s'irrite et s'exacerbe à intervalles rapprochés en des déchirements de plus en plus lancinants ; de même dans la désespérance profonde et muette des deux malheureux, revient le mot inexorable :

Toujours, toujours ainsi ; jusqu'au dernier soupir

Que le divorce vienne donc vite délivrer tous ces esclaves, qu'une éducation plus sage, plus libérale enseigne donc à la jeune fille ce qu'elle ne sait pas ou ce qu'elle sait mal, afin que, comme nous, elle puisse, en pleine connaissance et conscience, devant l'autel ou devant le magistrat, prononcer librement son *oui*.

CHAPITRE II

L'ÉLECTION SEXUELLE DANS LE MARIAGE

DE L'ART DE BIEN CHOISIR

Deux grandes voies conduisent au *oui* fatal, terrible monosyllabe qui doit décider de notre félicité, à ce *oui* qui peut nous donner le paradis sur la terre ou bien un enfer de vingt-quatre heures par jour, et, cela, pendant les trois cent soixante-cinq jours de l'année.

Ou l'amour d'abord et le mariage ensuite.

Ou le mariage d'abord et l'amour ensuite.

De ces deux voies quelle est la meilleure, celle qui mène le plus sûrement au paradis à deux ?

Théoriquement, la réponse n'est pas douteuse; on doit aimer d'abord, puis épouser.

En pratique pourtant, il n'en est pas toujours ainsi. Beaucoup de mariages inspirés par l'amour finissent mal; tandis que d'autres, contractés par convenance, et dans lesquels la raison l'emporte sur le cœur, tournent bien.

Pourquoi? Si la théorie est vraie, elle doit s'accorder avec la pratique; si, au contraire, celle-ci la contredit, elle doit être le résultat d'une erreur. Cette contradiction apparente s'explique aisément, si l'on veut se rappeler que, chaque jour, on appelle amour le désir de posséder une femme, et que ce désir ne peut suffire toujours et à lui seul au bonheur de deux époux. Donnez à l'amour et à la luxure leur vrai nom et toute confusion disparaîtra d'un trait, nous verrons alors resplendir dans toute sa beauté le dogme saint:

D'abord l'amour, ensuite le mariage.

Lorsque pour arriver à la possession d'une femme désirée il faut traverser la mairie, si la passion est violente, même le libertin le plus endurci, même l'adversaire le plus déclaré du mariage, courbe la tête sous les fourches caudines de la vertu féminine et du code civil, et il épouse.

C'est un chemin rocailleux plein de précipices et d'embûches mais qui peut aussi conduire quelquefois à la félicité à deux. Au désir des sens s'associe parfois peu à peu la chère alliance des cœurs, et il arrive que la faim rassasiée, reste l'appétit des friandises plus délicates de l'intelligence et de l'affection. Transformer la luxure en amour est une œuvre ardue, mais digne de la sainte vertu féminine, et la femme souvent y réussit. Il faut, cependant, pour cela, qu'elle soit une créature supérieure, douée de sentiments et de pensées durables, surtout quand la possession a calmé le désir et que l'âge a voilé la beauté. Il est mieux encore que son compagnon possède une âme d'élite qui sache apprécier cette vertu persistante et sûre, et goûter outre l'esthétique de la forme, l'idéalité de l'âme.

Les créatures supérieures et les âmes d'élite sont néanmoins des exceptions, et l'innombrable troupeau des maris et des femmes qui sont arrivés au *oui* par la voie du désir charnel, estime généralement que le jeu n'en vaut pas la chandelle : le premier feu d'artifice de la volupté tiré, on barbote en effet dans le marécage de l'ennui et de l'animale familiarité du sexe. La femme réussit parfois à rallumer les désirs, à les raviver par son inextinguible coquetterie, mais elle s'y brûle, et la nausée peut revenir, d'autant plus tenace que les remèdes employés pour la combattre ont été plus ingénieux.

Un mariage inspiré par le seul désir sexuel, nourri du seul pain de la luxure est une chose très misérable et très abjecte, qui bien rarement peut procurer la paix de l'âme, plus rarement encore le bonheur : même dans les natures les plus vulgaires et les plus soumises à la chair, il y a, au fond, quelque chose, qui se révolte contre cette animalité permanente et qui élève la voix, réclamant un aliment plus digne de l'humanité. L'homme comme le porc se vautre dans la fange, mais à sa différence, il aime à se laver, et, accroupi sur son fumier, à regarder le ciel. Ajoutez-y que, dans le mariage, la dignité paternelle ne peut qu'accroître le sentiment de la responsabilité chez les deux époux, raviver et développer cette semence humaine à la façon d'un polype animal. La spiritualité de la famille s'impose même aux natures les plus frustes, aux nerfs les plus obtus, réchauffant le milieu dans lequel ils vivent, et découvrant, au-dessus de leur tête, un lambeau d'azur.

Gare à l'homme qui dans la solitaire et soucieuse contemplation de sa propre femme devrait se dire à lui-même :

— Ma compagne n'est qu'une femelle !

Malheur à la femme — et tant pis pour elle — qui, dans une veillée nocturne, regardant son mari endormi serait amenée à se murmurer, sombre et frémissante :

— Mon mari n'est qu'un mâle !

Il n'est, pour ainsi dire, pas un homme qui ose confesser à ses amis ou s'avouer à lui-même qu'il épouse une femme pour la posséder. Encore que cela soit vrai, la pudeur, l'orgueil partent en guerre, et grâce aux artifices habiles dont nous savons si bien parer nos mensonges devant notre conscience, nous disons sur un ton de passion convaincue :

— *Je l'aime !*

S'il est difficile de distinguer d'un coup d'œil l'or

du similor, les vrais diamants des faux, les perles d'Orient des perles de Rome, jugez s'il est chose aisée de discerner le désir de la belle chair du véritable amour. C'est pourtant là que gît l'un des écueils les plus périlleux où puisse sombrer notre félicité dans la lutte entre l'être et le non-être, au cours de la bataille qui se livre en nous pour savoir si nous devons donner le saint nom d'épouse à la femme que nous désirons.

Dans un autre de mes livres, j'ai osé donner sur ce point quelques conseils aux aspirants au mariage afin de leur apprendre à reconnaître le véritable amour, qui embrase tout l'homme, du prurit érotique, qui n'intéresse qu'un seul organe. Si la solution de ce problème, comme je le crois, est très essentielle dans l'art de prendre femme, je demanderai la permission d'entrer à ce sujet dans l'étude des plus minutieux détails.

Défiez-vous toujours d'une impression subite, de ce qu'on appelle le *coup de foudre*, surtout si vous avez gardé une longue chasteté, et, plus spécialement encore, si vous avez vu la jeune fille en costume de bal, ou décolletée en quelque façon que ce soit.

Pour l'amour aussi, et bien plus pour l'amour que pour la cervelle, il convient d'en appeler de Philippe ivre à Philippe à jeun.

*
* *

Il semble à quelques-uns immoral, à moi il ne me semble, au contraire, que prudent. de revoir la femme désirée, après avoir sacrifié à la sensualité.

*
* *

Si, sans aucun appétit érotique et même avec un peu d'embarras gastrique de ce côté, vous la trouvez belle et désirable, la passion est profonde et mérite la plus scrupuleuse étude.

*
* *

Si vous craignez d'être épris d'une jeune fille et que vous ne soyez pas encore disposé au mariage, courez voir les femmes et les jeunes filles les plus célèbres, pour leur beauté, leur grâce, leur élégance et comparez. Si elles deviennent odieuses à votre désir, prenez garde aussitôt au sérieux de votre passion et à sa profondeur.

Tout cela ne concerne que l'amour physique, mais j'en parle longuement parce que c'est la première porte ouverte devant un homme et une femme qui se regardent pour la première fois. Je ne veux pas dire pourtant que ce soit la seule par où vous deviez passer pour arriver au oui fatal. Elle ne doit vous donner accès que dans l'antichambre où il vous faudra toujours attendre patiemment que le cœur et la pensée vous ouvrent l'huis des appartements intérieurs, là où vous devrez vivre pour toute la vie.

2.

Si le coup de foudre n'a pas eu lieu, mais que la sympathie soit née petit à petit, et si elle va se développant, grandissant au point de devenir une véritable passion, au sens rigoureux du mot, alors tous mes conseils d'investigation et d'expérience peuvent devenir parfaitement inutiles. A chacune de vos visites, sans le savoir, même sans y penser ni peu ni prou, vous corrigez ou confirmez l'impression précédente, en refroidissant ou en réchauffant la première impression.

Combien et combien d'amours, combien et combien de mariages ont avorté dans le secret de notre cerveau sans qu'âme qui vive en sache rien, sans que vous ayez tourné un mot de sympathie pour la personne qui vous avait fait une subite et vive impression ! — Une créature vous est apparue au bord de l'horizon, peut-être dans une heure où vous sentiez le froid de la solitude ou la torture du jeûne, et tout à coup, vous vous êtes écrié, en vous-même : « Oh ! la belle et chère créature ! Et pourquoi ne la ferais-je pas mienne... et pour toujours. » L'apparition s'est évanouie, mais vous l'avez portée chez vous, sculptée, je dirai mieux, gravée d'un burin de feu dans votre mémoire, et vous l'avez revue à travers les lignes des livres que vous lisiez, dans les songes de la nuit, partout.

Mais voici que, peu de jours après, vous la retrouvez, en chair et en os, dans la rue ou dans un salon, et la réalité cherche en vain à lutter avec la figure dessinée par votre fantaisie. Le désaccord est complet. Cette femme n'est plus la même, et vous, riant peut-être de toute la fête d'amour rêvée dans le silence de votre conscience, vous vous écriez :

— Mais comment ai-je pu trouver belle et désirable, cette créature vulgaire, bête et lourde !

Il n'y a pas grand mal quand cette correction de l'épreuve est rapide : mais trop souvent elle se fait après de nombreuses visites et quand nous avons déjà engagé notre cœur, et peut-être notre parole.

Patience, avancez avec prudence.

La science m'enseigne que dans le monde aucune force ne se détruit, qu'aucune énergie ne se consume, mais que force et énergie se transmuent l'une en l'autre et sans que rien ne s'en perde. Mais, moi, je me demande : « Et tous les désirs que l'homme et la femme se lancent de l'un à l'autre dans les rues, dans les salons, dans les théâtres, en quelque lieu qu'ils se rencontrent, doivent-ils, eux, avoir une fin ? Mais tous ces flamboiements des yeux, qui portent dans leurs rayons un tel feu qu'il suffirait à incendier tout le système planétaire : toutes ces palpitations qui empourprent le visage et attirent l'un vers l'autre deux êtres, deux organismes, deux vies ; quand ils passent tel un météore, (comme c'est le cas le plus fréquent) sans féconder la terre, où vont-ils ? Ces terribles énergies, fruits du mécanisme le plus compliqué et le plus sublime de notre cerveau et de nos nerfs, en quoi se transforment-elles ? quand elles ne produisent ni parole, ni plainte, ni plaisir, ni crime, ni mariage, ni péché ?

« Et pourtant combien sont nombreux les désirs ; de jour, de nuit, par les rues peuplées des villes, à travers le tourbillon des wagons qui roulent, parmi la foule épaisse et dans les sentiers solitaires des montagnes, ils se rencontrent, sillonnent l'espace et s'ils se pouvaient voir, ils enflammeraient l'atmosphère comme les lueurs tourmentées d'une tempête sous les tropiques.

« Mais où vont-ils ? où se dévore toute cette lumière ? qui se réchauffe à toute cette chaleur ? où sont les cendres de tout cet incendie ?

Je ne sais pas : les biologistes et les physiciens de l'avenir le diront peut-être.

Un autre précepte des plus élémentaires, mais des plus importants, pour bien choisir sa propre femme, c'est de voir beaucoup, énormément de femmes avant de déterminer celle à qui vous voulez donner votre nom, votre cœur, votre vie. Si dans l'étroit rayon d'un village, dont vous ne sortez pas, vous avez choisi votre compagne, vous pouvez vous montrer orgueilleux d'avoir donné la palme à la plus belle jeune fille parmi une douzaine de ses compagnes ; mais, gare à vous, si tout à coup vous allez dans un autre village, et tant pis, si c'est dans une grande ville! Vous pourrez y trouver matière à des comparaisons regrettables, odieuses, et c'est irrémédiable.

Voilà pourquoi les hommes qui ont beaucoup vu et beaucoup voyagé, pour la plupart sont les meilleurs maris; puisqu'en asseyant leur choix sur une plus large base, ils ont une chance beaucoup plus grande de bien choisir. Peut-être aussi parce que les femmes pardonnent plus facilement à leurs prétendants la galanterie passée qu'une trop longue ingénuité, et que don Juan leur est pour ce motif beaucoup plus sympathique que le chaste Joseph.

Une femme qui sait avoir été préférée et choisie pour compagne par qui a vu et connu cent ou mille femmes en est orgueilleuse et a raison de l'être. Je ne sais si toutes les femmes partageront mon avis, mais les plus intelligentes dans la science d'amour seront certainement de mon côté; et moi, si j'étais femme, je tiendrais pour un mari idéal celui qui aurait voyagé dans les six parties du monde, et qui aurait vu et admiré toutes les femmes de la terre.

Et, poursuivant mon utopie et la faisant descendre en un plan voisin du niveau de la vie, si j'étais femme, et si j'avais des doutes sur la profondeur d'une passion éveillée chez un prétendant, je voudrais qu'il fît un voyage dans toute l'Europe; si, en revenant, il me trouvait encore digne de lui, je lui accorderais ma main, très certaine de la mettre dans celle d'un mari fort amoureux et fidèle.

***

Le temps aussi est un précieux élément pour fixer la valeur à notre choix ; c'est une des meilleures pierres de touche pour distinguer le caprice de la passion, le prurit érotique du véritable amour.

Un vieil axiome, confirmé par l'expérience universelle, dit que le temps refroidit ou éteint les faibles amours, et renforce, rend vigoureux, ceux qui sont forts.

La fatale brièveté de notre vie, l'impatience naturelle à tous les amoureux conspirent ensemble pour hâter le mariage; mais pourtant je dois recommander aux hommes et aux femmes d'acquérir la sainte vertu de la patience ; et je prie et supplie les femmes qui en matière d'amour (à ce que dit le vulgaire) sont plus *hommes* que nous, de suivre la tactique de Fabius Cunctator. Attendre, attendre et attendre encore. Il s'agit de l'acte le plus grave de toute la vie et le plus lourd de conséquences; quelques mois de plus ne feront qu'accroître la dignité du choix, qu'en garantir l'avenir. La lune de miel brillera d'autant plus longtemps sur notre horizon que nous l'aurons attendue plus patiemment avec la poésie du désir et l'idéalité de l'espérance.

CHAPITRE III

L'AGE ET LE BONHEUR

Si l'homme n'était qu'un animal reproducteur, le problème de l'âge dans le mariage serait très simple et se réduirait à cette règle :

Tant que l'homme et la femme peuvent rallumer le flambeau de la vie, ils sont mariables. Ce qui veut dire que l'homme peut prendre femme de seize à soixante ans et, dans les cas exceptionnels, jusqu'à soixante-dix ou quatre-vingts ans, et qu'il peut épouser une femme âgée de quinze à quarante-cinq ans.

L'homme pourtant n'est pas un animal reproducteur, mais un être pensant et déraisonnant, sentant, rusant, sophistiquant, c'est une bête politique, commerçante et religieuse, qui fabrique des freins pour enrayer à la galopade la sainte ivresse de la génération ; qui invente des sophismes pour l'avortement de la vérité, des appareils pour rendre rachitiques les athlètes, et dit une foule de mensonges par plaisir ; en somme le plus habile et ingénieux gâte-métier de l'univers.

En raison de toutes ces précieuses vertus, le problème de l'âge se complique beaucoup pour l'homme quand il prétend choisir l'une des filles d'Ève afin de lui dire : « Veux-tu me donner ta main pour que nous fassions ensemble un peu d'avenir. »

***

Étant donnés que tous les autres éléments sont excellents, l'idéal de la perfection d'un mariage, par rapport à l'âge où il convient de se marier, est celui-ci :

L'homme, de vingt-cinq à trente-cinq ans.

La femme, de dix-huit à vingt-cinq ans.

L'homme doit toujours compter quelques années de plus que la femme, être son aîné de cinq ou dix ans, cela pour beaucoup de raisons, mais surtout parce que l'homme vieillit plus tard que la femme et conserve plus longtemps qu'elle ses facultés reproductives.

Ajoutez qu'il doit être un maître d'amour pour sa compagne et que si l'ignorance du fruit de l'arbre de la science du bien et du mal est chez la femme la vertu la plus désirable de toutes, si elle est pour elle le parfum virginal qui la fait divine à nos yeux, cette ignorance est, chez l'homme, un vice ridicule et un péril, quoi qu'en disent les philosophes puritains, quoiqu'en puissent penser les ânes moralistes pour qui la vertu est une hypocrite et continuelle violation des lois de la nature.

Avant vingt-cinq ou trente ans, à moins d'être un libertin-né, l'homme connaît encore trop peu le monde féminin, la plus mauvaise partie seulement, et, dans le choix qu'il fait d'une épouse, se trouve exposé à prendre les écrevisses les plus grosses et non les meilleures.

En outre, au point de vue physique les produits des unions trop précoces sont débiles, inférieurs aux autres, et les statistiques de tous les pays sont là pour démontrer que les fils des parents trop jeunes meurent plus jeunes ou sont moins vigoureux, moins vivaces que les autres. Les pères trop jeunes ont aussi un autre défaut très grave ; c'est de porter au lit une telle folie érotique qu'elle ensevelit l'amour sous une orgie des sens.

Si, en outre, ils ont la mauvaise fortune de trouver dans leur compagne beaucoup de matière inflammable, ils la mettent à un régime amoureux qui ne se peut continuer ; d'où désillusion, défiance, désunion sans fin,

Au contraire, l'homme se trouve-t-il sagement instruit des choses de l'amour ? A la fin de la première nuit, il mesure comme un galvanomètre incapable d'erreur la capacité voluptueuse de sa compagne, et fait en sorte de se mettre à son niveau et de l'élever au sien.

Parmi les problèmes les plus simples et les plus

physiques comme parmi les plus métaphysiques et les plus complexes se rattachant au mariage, il convient d'avoir toujours présente à l'esprit cette règle fondamentale : l'harmonie et le bonheur naissent de l'accord d'instruments extrêmement divers, mais qui doivent sans cesse jouer à l'unisson. Gare aux dissonances ! Si dans l'orchestre deux instrumentistes ne donnent pas la même note, si l'un galope et que l'autre joue trop lentement, le mal n'est pas grand et se réduit à une brusque rougeur sur le front, le nez et les lèvres de celui qui comprend le mieux la musique. Souvent aussi les fausses notes disparaissent perdues dans les flots de l'harmonie générale.

Dans le mariage, au contraire, la plus petite dissonance est une blessure au cœur des deux créatures qui s'étaient donné la main pour vivre heureuses ; et à la première blessure succède une cicatrice qui, comme celle des vétérans, fait baromètre à la moindre oscillation de la température ou de l'humidité ou de l'électricité atmosphérique. La main inquiète s'acharne à gratter l'âpre démangeaison, déchire les tissus et les transforme en une plaie chronique, toujours douloureuse, inguérissable.

O hommes ! ô femmes ! étudiez jour et nuit le contrepoint, l'harmonie et la mélodie des cœurs, des corps, des âmes, si vous voulez cueillir, dans le jardin de la vie, cette rose bénie et parfumée : le bonheur dans le mariage.

A côté de l'idéale perfection des nombres représentés par la belle addition de deux jeunesses en fleurs et parfumées, vous pouvez rencontrer toutes les combinaisons suivantes qui, avec un crescendo de périls et d'accidents, rendent toujours plus difficile l'accord des cœurs et des corps :

Deux créatures également mûres.

Deux vieux.

Un homme mûr ou vieux et une jeune femme.

Un jeune homme et une femme mûre ou vieille.

Nous les voyons, chaque jour, défiler sous nos yeux, assortis suivant une de ces formules arithmétiques, dont les nombres exercent une terrible influence sur l'humaine félicité et la gouvernent. Étudions-les une à une.

Homme adulte — femme adulte.

C'est une des combinaisons les plus favorables, les mieux dégagées du péril des douloureuses surprises. Si, avec elle, on atteint rarement l'Olympe des ivresses amoureuses, les naufrages, les cataclysmes sont plus rares encore. On navigue presque toujours sur un lac tranquille, dans un bateau sûr conduit par cet excellent timonier qu'on appelle le bon sens.

La plupart du temps il est cas d'amoureux autrefois séparés par des obstacles insurmontables et plus tard, réunis par quelque heureux accident.

Les deux êtres qui s'étaient aimés et seulement désirés dans leur jeunesse, se trouvent libres, maîtres d'eux-mêmes et, tout à coup, en un seul regard, évoquent des profondeurs du passé tout un joyeux panorama de chers fantômes qui semblent surgir tout d'une pièce de cet abîme où tout s'ensevelit et se consume.

— *Chère, te souviens-tu?*

— *Oh! si je me souviens!* — Il me semble encore te voir à ta fenêtre, ce dimanche quand après m'avoir regardée, tu m'as lancé un baiser à travers la rue, tandis que je croyais m'être cachée parmi les convolvulus de mon balcon.

· Oui... oui..., et ce baiser fut le début d'une longue idylle, que je crois voir sortir, comme par enchantement, des nuées du passé.

Et de souvenir en souvenir, tout un monde réapparait vivant et parlant devant eux deux; mais il leur semble plus beau, plus rose qu'il n'était en réalité; il leur apparait agrandi par la fantaisie, le premier des peintres, doré par la réminiscence lointaine, toujours optimiste.

Tous deux ont quelques rides sur le front et dans les cheveux quelques fils d'argent, mais ils se revoient comme ils étaient à vingt ans; si leurs désirs sont refroidis, si l'étreinte de leurs mains ne leur donne plus de palpitations de cœur, si des songes ardents ne troublent plus, la nuit, la paix de leurs sens, autour d'eux se répand un parfum d'amitié amoureuse, qui les rapproche chaque jour plus étroitement, qui chaque heure ressemble plus à de l'amour et s'éloigne de l'amitié.

Ils ont tant de souvenirs communs, vingt ans de vie à se raconter. Et l'un à l'autre, ils se narrent les alternatives gaies ou tristes, ils les échangent, tour à tour, ces souvenirs, comme si, en réalité, ils avaient vécu ensemble; ainsi le *mien* devient *tien* puis devient *nôtre*, et sans déclaration, sans effort, ils atteignent bientôt les jours heureux, auxquels il n'est pas besoin de terminer les phrases, de mettre les points sur les *i*; les mains se joignent, les lèvres s'unissent en un soupir qui demande et un soupir qui répond.

— *Et vraiment, tu voudrais?*

— *Et pourquoi non?*

Et le « pourquoi non? » se change le lendemain en un « pourquoi pas oui? » puis l'homme et la femme devenus époux, presque toujours sans effort, sans secousse, sans rencontre ni déraillement, arrivent heureux au port de la félicité tranquille et sûre.

Je me rappelle avec émotion deux de ces mariages : celui de Stuart Mill et celui d'Hillebrand.

Dans ces unions sérieuses et tranquilles les enfants ne sont pas nécessaires, mais s'ils naissent comme une bénédiction pour la maison heureuse, ils portent avec eux, tel un bouquet de fleurs, un parfum de printemps qui rajeunit les deux époux fortunés.

***

Deux vieux.

Ajoutez quelques dizaines d'années à la combinaison arithmétique étudiée ci-dessus, et vous noterez une température plus basse, mais encore moins fertile en périls pour la félicité des deux mortels qui, défiant le ridicule et les préjugés, veulent consacrer une vieille amitié sur l'autel du mariage.

Je ne dis pas autel pour faire une phrase ni rendre un hommage au mariage religieux, mais parce que je suis profondément convaincu que dans l'union de l'homme et de la femme, s'il n'y a pas un autel qui conjoigne les corps et réunisse les intérêts, un sacrilège est commis. Le serment de fidélité des deux époux doit toujours être formulé sur un tabernacle; que ce soit l'autel du Christ ou de l'idéal; de Moïse ou de Mahomet, de la poésie ou de la religion.

Deux vieillards, le plus souvent, n'unissent leurs mains par le mariage, que pour légitimer un amour de contrebande et pour donner une situation légale à leurs enfants. Ce sont mariages de réparation, ce sont corrections d'épreuves laissées pendant tant d'annees incorrectes dans l'oubli. Ils méritent notre approbation et appartiennent à la catégorie de ces bonnes actions dont parle le Christ et qui, faites à la dernière heure, rendent la mort moins dure, permettent d'expirer tranquille et mieux préparé à monter dans ce train qui conduit — selon la foi qui illumine notre âme — soit à l'éternel silence, soit à la porte d'or du paradis chrétien.

Dans le mariage de deux vieillards qui s'aiment, l'amour n'est plus une fleur grisante, mais une amitié légèrement dorée par la sympathie sexuelle, laquelle persiste plus longtemps que la faculté reproductive, qu'elle précède d'ailleurs.

Il y a pourtant des cas fortunés, mais très rares, dans lesquels deux vieux époux cueillent encore dans leur jardin des fruits savoureux, qu'ils cachent jalousement, presque honteusement, comme rougissant d'un péché commis en cachette.

Il est certain que plus d'une tête chauve, en lisant cette page, rougira, et que si une autre tête, blanche aussi et adorée, se trouve près d'elle, la première avec un peu de sang aux pommettes fera passer le livre sous les yeux de la seconde qui rougira à son tour et le lui rendra, en disant avec un faux dédain, peut-être :

— *Mauvais sujet !*

Son compagnon répondra :

— *Qui ? L'auteur ou moi?*

— *Tous les deux.*

Un homme mûr ou un vieillard et une jeune femme.

Si la théorie, l'hygiène et la logique conspirent

ensemble pour proclamer cette vérité qui a force d'article de foi : l'homme vieux ne doit pas épouser une jeune femme — la pratique démontre, au contraire, que toutes les combinaisons suivantes sont possibles.

40 + 20
50 + 18
60 + 30
60 + 15
70 + 30
70 + 20
80 + 40
80 + 30
80 + 15 ou 18.

Formules froides et précises comme les nombres, mais qui en un terrible crescendo de pièges et de cataclysmes évoquent le schéma de tout un pandémonium, nous laissent entrevoir les cycles d'un enfer bien plus terrible que celui du doute.

Que de larmes et que de sang baignent le sentier qui sépare ces chiffres ! Quelles rancœurs profondes et cachées, que de vengeances ruminées dans le silence de la nuit et accomplies à la claire lueur du jour ; combien de trahisons couvées avec un soin cruel, que de remords et combien de péchés, quel boue, quel fiel, que de tortures, que de tourments sont inscrits entre ces chiffres silencieux et froids.

Pourtant, à côté de cet enfer, comme un oasis au milieu du désert, vous trouvez, parfois, quelqu'une des plus rares, des plus complètes, des plus parfaites félicités.

Il y a des mariages, par exemple, suivant la formule 60 + 30 et même 50 + 18, qui sont de vrais édens de béatitude, auxquels ne manquent ni les fleurs les plus belles et les plus fragrantes du printemps, ni les douces tendresses de la volupté, ni les regards sans horizon, ni les dialogues sans paroles, ni toutes les ineffables délices de la vie à deux ; où de plus, se trouvent le charme profond de tout ce qui est difficile, tout le bouquet qui enveloppe toujours les choses sacrées.

Mais pourquoi, cependant, parmi ces nombres muets et cruels relevons-nous les extrêmes du malheur humain et de l'humaine béatitude ? Pourquoi à côté de la bassesse voyons-nous les plus nobles sacrifices ? pourquoi découvrons-nous entremêlés entre eux par un sort malicieux, toutes les humaines bassesses et les plus hautes idéalités ; pourquoi apercevons-nous dansant ensemble, comme entraînés dans une ronde gigantesque, les anges et les démons ?

Pour une très simple raison.

Parce que le bonheur du mariage, entre un vieillard et une jeune femme, n'est qu'un équilibre, instable, difficile et accordé à très peu de gens, mais qui donne à celui qui en est capable, le vertige sublime des grandes altitudes.

Tous cheminent; peu font le saut mortel. Tous gravissent une colline; bien peu ont mis les pieds au sommet du mont Blanc. Mais ceux qui ne se rompent pas le col en sautant, qui ne se laissent pas choir dans les crevasses et les glaciers en franchissant les plus hauts sommets des Alpes, en éprouvent une émotion forte, ensorcelante, qui les enorgueillit et les rend heureux.

Tous les problèmes de la vie, les très grands et les très petits comme les moyens contiennent toujours en eux ce dilemme :

Oser ou ne pas oser?

Que le Rubicon soit une vérité historique, un symbole ou un roman, je laisserai aux historiens le soin d'en décider. Mais tout problème pratique du bonheur a son propre Rubicon devant lequel chacun s'arrête.

Les uns reviennent sur leurs pas.

Les autres passent outre.

Le plus grand nombre demeure sur la rive, regardant l'autre bord et se grattant la tête.

Après quarante ans, les célibataires et les veufs hésitent tous devant le Rubicon du mariage et se demandent :

Passerai-je ou ne passerai-je pas?

La plupart tardent si longtemps à se décider que les quarante ans deviennent cinquante et puis soixante. Les jambes cependant faiblissent de plus en plus et le fleuve s'élargit, grossi par les inondations, suites des pluies de tant d'automnes. De cette façon le problème se résout par absence de solution.

D'autres, au contraire, après une brève et énergique méditation, murmurent :

Non, je ne sauterai pas.

Les uns et les autres font bien, car si parmi la masse des calculs de probabilité, il en est peu qui soient applicables aux problèmes moraux, on enseigne que la combinaison binaire d'un vieillard et d'une jeune femme est chose fragile et facilement décomposable au moindre choc, comme il advient pour le fulminate de mercure, le chlorure d'azote et toute l'infinie série des explosifs, et qu'elle donne lieu à des explosions, à des ruines, et plus souvent encore à une décomposition putride et puante.

Mais il en est quelques-uns qui ne se grattent pas la tête, décident résolument le problème et passent. Saut difficile, saut périlleux, dans lequel bien peu atteignent la rive opposée, les jambes intactes. Le plus grand nombre de ces intrépides tombe dans le fleuve qui les roule dans ses eaux tourbillonnantes et tempétueuses. Les autres y ajoutent un plongeon dans la boue et y restent empêtrés jusqu'au ventre, sans pouvoir en sortir, ridicules pour tous, désespérant d'eux-mêmes.

Dans le jardin de Gethsémanie où tous les hommes boivent le calice du doute, dans ce jardin de l'incertitude d'où nous ne pouvons nous échapper par un *oui* ou un *non*, en tournant net à droite ou à gauche, sachant que d'un côté nous avons chance de rencontrer le bonheur et de l'autre le désespoir, sans pourtant connaître des deux voies laquelle conduit au premier ni laquelle au second, dans ce labyrinthe, dis-je, ce petit livre pourra servir de guide pour la solution d'un des plus difficiles problèmes attachés au mariage.

M'étant arrogé le droit de donner des conseils, quitte à ce que personne n'en fasse cas, je proclame hautement un principe fondamental, organique, qui doit servir de base à tous les conseils de moindre importance :

Le mariage entre un vieillard et une jeune femme peut conduire au bonheur s'il est inspiré, de part et d'autre, par l'amour.

Il peut mener, mais moins sûrement, au même point, si une seule des deux parties dépose l'amour sur l'autel.

Il nous aiguille presque toujours vers le malheur, vers la ruine, si, dans l'homme, c'est la luxure, dans la femme, la soif des richesses et l'ambition qui se marient.

Comme le troisième cas est le plus fréquent, voici du même coup expliqué pourquoi ces terribles combinaisons arithmétiques sont si fécondes en malheurs domestiques, en cornes, et, disons-le, en crimes, y compris ceux que le code ne prévoit pas.

***

Là-dessus, un malin lecteur me dit en riant que je suis bon à ranger parmi les fous et les songe-creux qui rêvent la solution de la quadrature du cercle ou du mouvement perpétuel.

Vous me dites qu'un mariage entre un vieillard et une jeunesse peut être heureux pourvu qu'il y ait amour des deux côtés, fait-il observer. Mais c'est là une lourde plaisanterie. Aussi gravement vous pouvez m'assurer que pour prendre un moineau il suffit de lui mettre un grain de sel sur la queue. Comment, quand une femme jeune, fleurant le printemps, qui cherche des yeux, de la bouche, des narines, de tous ses sens le pollen qui la fécondera et la rendra mère, comment cette femme pourra-t-elle désirer et aimer un homme qui déjà glisse sur la pente de la décrépitude et ne lui peut offrir que de rares et pauvres plaisirs enveloppés de rhumatismes et de catharre, de dyspepsie et de toux ?

Non, malin lecteur, je ne badine pas et je n'ai pas pensé résoudre un problème insoluble. Je crois sincèrement qu'une femme jeune peut aimer un vieillard, mais, alors, celui-ci doit être encore viril et beau ; car la vieillesse robuste, florissante et gaillarde possède elle-même ses beautés propres et, s'il lui en manque beaucoup d'autres, elle est riche de très grandes ressources, de délicates vertus que la jeunesse ne possède pas.

Puis l'amour prend de telles et de si nombreuses formes, tant d'éléments si variés entrent dans sa composition, qu'il peut vibrer même pour une tête blanche. Le dernier amour de Gœthe est célèbre, cet amour qui lui fit le cœur si chaud et qui inspira une foi si passionnée à la jeune femme de cet homme éminent, porteur d'un grand nom dans la politique, dans les arts, dans les lettres, dans les sciences.

Si à ces amours manque ou peut manquer l'ardeur des sens, il s'y mêle beaucoup de vénération, beaucoup de tendresse, souvent aussi une douce compassion, sentiment qui prédomine toujours dans le cœur féminin.

Les jeunes gens sont souvent de mauvais maris parce que, trop orgueilleux, ils prétendent que l'amour soit déposé à leurs pieds comme un tribut dû à leur beauté, à leur vigueur hautaine. Ils prétendent au droit d'être aimés pour eux seuls et euxmêmes en échange ne se croient tenus à aucun devoir effectif.

Le vieillard, au contraire, sentant sa propre faiblesse implore l'amour comme une grâce; il y répond par une reconnaissance chaude et indestructible et la manifeste à chaque heure et à chaque minute. Il sait que peu de choses lui sont dues et se contente d'un baiser, d'un sourire, d'une caresse dont le prix est redoublé et centuplé par son inépuisable gratitude. Il conserve son amour comme un trésor qui peut lui être volé d'un moment à l'autre, le défend de toutes ses forces, l'enferme en un tabernacle et l'adore comme un dieu. Sa compagne est presque certaine de n'être pas traitée comme les autres femmes.

Pour que ces unions soient bénies par le bonheur, il faut, avant tout, que maris et femmes soient de galantes gens, c'est-à-dire gens d'honneur, qui acceptent franchement le pacte conclu, sans réticences ni sous-entendus, acceptant le passif avec résignation, se contentant de l'actif.

Le vieillard doit, avant de solliciter le redoutable *oui*, présenter son propre bilan, exagérer plutôt le doit, diminuer l'avoir, donner enfin des explications claires, nettes, et mettre les points sur les *i*.

Je me rappelle un cas de terrible malheur domestique advenu à quelqu'un qui avait négligé de le faire.

Un riche marquis, porteur d'un nom illustre, voulant couronner sa vieillesse des roses du mariage, choisit pour épouse une jeune fille belle et fraîche comme un rayon de soleil, et de plus assez innocente pour ignorer complètement l'*x* de l'amour. Le marquis lui répéta qu'en lui elle n'aurait qu'un frère et que jamais elle ne pourrait espérer de lui les plaisirs de la volupté. Il l'entourait d'une affectueuse amitié, la comblait de tous les plaisirs que donne l'aisance, mais rien de plus, il n'avait jamais été un *homme*, pas même dans sa jeunesse, et tout le monde le savait.

La jeune fille accepta tout sans rien comprendre. Les premiers mois furent heureux. Mais un jeune homme, aimable et audacieux, se chargea d'apprendre à la marquise quel était l'x du mariage, et le lui enseigna si bien qu'un enfant naquit.

Le mari fut assez généreux pour pardonner à sa femme, estimant que la faute en était toute à lui et fit l'enfant héritier de sa fortune, sans pouvoir pourtant lui donner son nom, son incapacité à résoudre le fameux x étant notoire. Le pardon fut si sincère et si noble qu'au premier enfant en succéda bientôt un second. Que le marquis fût heureux, qu'il ne se repentît jamais de son mariage, je n'oserais l'affirmer.

Donc je me résume. Quand vous établirez pour votre promise votre bilan, que tous les *i* aient leur point, et plutôt deux fois qu'une.

Les unions que nous venons d'examiner sont beaucoup plus fréquentes que l'on ne pourrait le supposer *a priori*, et les cas heureux moins rares que la théorie ne semble l'indiquer, parce que la femme en amour est infiniment plus idéaliste que nous et qu'elle recherche d'autres éléments, d'ordre supérieur, qu'elle apprécie avec un cœur d'artiste et une fantaisie de poète ; tandis que nous demandons par-dessus toute chose la beauté et la volupté.

L'amour d'un homme pour une femme illustre, mais laide, est une chose aussi rare qu'une mouche blanche. L'amour d'une femme jeune pour un grand homme aux cheveux blanchis est une chose assez fréquente et qui suffirait à honorer le sexe féminin.

Mais l'homme a autre chose à offrir à sa jeune épouse : la richesse, une haute situation sociale, beaucoup d'ambition à satisfaire, tout un monde de choses élevées, bonnes et douces à déposer aux pieds d'une femme, et peut soupirer :

« Tout cela pour un peu d'amour. »

J'ajouterai encore, qu'il y a des échanges assez éloignés de l'amour pour se rapprocher du commerce, et au sujet desquels les livres sacrés ont employé, sans rougir, le mot de *commerce charnel*. Mais pourquoi donc ne pourrait-il pas entrer un peu de commerce dans le mariage? Pourvu que la balance ne penche pas trop d'un côté, pourvu qu'il n'y ait pas de baraterie, pourvu, en un mot, que celui qui pèse le pour et le contre soit un gentilhomme, ces mariages peuvent être heureux.

Quand un homme épouse une femme beaucoup plus jeune que lui, le vulgaire sourit malicieusement et allonge deux doigts ouverts comme pour conjurer la jettature ou montrer à l'audacieux que le Minotaure le guette.

C'est qu'aussi le vulgaire tranche non pas un,

mais cent nœuds gordiens d'un coup de sabre bêtement brutal.

Il est certain que la jeune femme peut apprendre inopinément ce que la marquise apprit trop tard, et trouver dans la vieillesse de son compagnon une atténuation de ses péchés commis ou à commettre; mais, en conscience, regardez autour de vous, et dites-moi si les cornes ne naissent point et ne prolifient pas aussi dans les mariages entre jeunes gens.

Les cornes sont plantes qui croissent sous tous les climats, mais là surtout où l'estime de la femme pour son compagnon fait défaut et les plus habiles semeurs et cultivateurs de cornes sont encore les maris.

Je suis tellement convaincu de ce fait que s'il était possible de faire la statistique des cornes, je suis certain que j'en trouverais le chiffre le plus fort dans les unions entre jeunes gens, car eux aussi,font des contrats de vente et d'achat, des échanges d'argent et de titres en se mariant.

Si, la tête couverte de cheveux blancs, vous avez le courage d'épouser une femme jeune, étudiez surtout son caractère. S'il est chevaleresque, elle vous trahira plus difficilement que si vous étiez jeune, parce qu'elle sera fière de s'être donnée elle-même, volontairement, et ne voudra pas commettre un péché pour lequel le monde lui témoignerait trop d'indulgence; parce qu'aussi les choses difficiles, les entreprises héroïques plaisent à la femme, parce qu'elle aime à se dire à elle-même ou à jeter à la face d'un séducteur ce mot sublime : *noblesse oblige.*

⁂

Concluons donc.

Si vous avez le courage d'enlacer vos cheveux blancs, pour la vie, à une chevelure blonde ou brune, mais embaumant la jeunesse, placez-vous devant le miroir de votre chambre, et examinez-vous longuement. Plus lentement encore, deshabillez-vous devant le miroir de votre conscience, qui vous jugera inexorablement ; puis ayant établi le bilan, actif et passif, de votre moi physique et de votre moi moral et intellectuel, voyez si vous êtes encore un homme *possible*, un homme beau, un homme fort et si vous trouverez une femme jeune, qui soit ange plus que dame et dame plus que femme, à qui vous puissiez offrir la main sans trop de scrupules et sans fausse réticence, à qui vous puissiez dire en mourant : « Les dernières années de ma vie ont été les plus belles. Dans ma jeunesse j'ai eu cent femmes, dans ma vieillesse je n'en ai eu qu'une seule, mais elle valait à elle seule les cent autres. La femme est la bénédiction de ma vie ».

Homme jeune et vieille femme.

Parmi les disproportions d'âge entre mari et femme aucune ne surprend, je devrais dire ne répugne plus que celle que l'on constate entre un homme jeune et une vieille femme quand ils se marient.

Au fond de notre dédain gît le germe d'une grande vérité qui plonge ses racines dans les entrailles mêmes de la nature.

Un homme peut friser ses quatre-vingts ans, et on peut se contenter de sourire à la pensée de sa femme qui se plaint des exigences d'un compagnon plus que septuagénaire. Cependant chacun de nous se rappelle Fontenelle et le duc de Richelieu chez lesquels les facultés viriles persistèrent jusqu'au dernier jour bien que l'un ait atteint cent ans et que l'autre soit mort plus qu'octogénaire.

La femme, au contraire, à partir de quarante-cinq ans, tout au plus de cinquante ans, n'est plus femme, et la faculté de reproduction s'abolit en elle. Par conséquent le mariage d'un homme jeune avec une femme âgée est infiniment plus contraire à la loi de nature que celui d'une jeune femme et d'un vieillard. Celui-ci peut être fécond, l'autre jamais.

Ajoutez-y les exigences esthétiques de l'homme, la décadence précipitée de la femme après la ménopause, et vous comprendrez pourquoi l'union que nous examinons est la plus répugnante, la plus repoussante.

Les motifs qui guident, en ce cas, l'homme et la femme sont presque tous parmi les plus abjects de ceux qui blessent le sens moral.

D'une part, la luxure; de l'autre, la soif de l'or, en quelque sorte la prostitution de la part de l'homme, ce qui est bien la forme la plus dégoûtante, la plus nauséabonde du commerce d'amour.

L'homme qui vend sa jeunesse, sa virilité, pour de l'argent; une femme qui n'ayant plus droit à l'amour l'achète comme une marchandise et se contente d'une volupté procurée par un homme qu'elle-même devrait être la première à mépriser! Marché de débauche et de honte! Or ramassé dans la boue! dans une boue, pourtant, dont on ne se lave pas et qui corrompt mains et conscience, tout ce qu'elle touche.

Cependant, pour l'honneur de l'humanité, ces unions sont rarissimes; et qui achète ou vend se contente presque toujours d'un concubinage clandestin et cache sa honte sous les épais rideaux de l'hypocrisie moderne.

Alphonse, oui; mari, non!

La femme, d'un côté, presque toujours voudrait le mariage, car elle est poussée par la vanité de proclamer à la face du monde que, malgré ses nombreuses années, ses rides, plus nombreuses encore. et le naufrage des formes, qui, de toutes parts, l'assaillent, elle a su trouver un compagnon de lit et de table qui la rend heureuse.

L'homme, au contraire, se cache, poussé par un sentiment de pudeur qui ne fait jamais défaut même aux plus abjects des criminels, et, dissimulant sa honte dans les ténèbres d'un concubinat clandestin, espère conserver l'estime des hommes et les écus qu'il gagne le rouge au front.

Je n'insiste pas davantage, parce que j'espère que les jeunes maris des vieilles femmes ne liront jamais ce livre, qu'ils saliraient trop de leurs mains immondes, et, aussi, parce que j'ai le cher espoir qu'ils sont tous illettrés.

Pourtant, avant de quitter ce lamentable sujet, je dois dire, par amour de la vérité, que l'histoire moderne enregistre quelques cas très rares d'unions entre vieilles femmes et jeunes gens, dans lesquels ni la luxure, ni la soif de l'or ne sont entrés pour rien. Il s'agit d'unions intellectuelles, dans lesquelles la communion des âmes, la sympathie des cœurs et des pensées, l'harmonie des goûts, la concordance des motifs humains unissent délicieusement deux créatures que l'âge devrait séparer.

L'amour est le plus grand et le plus puissant faiseur de miracles, le thaumaturge des thaumaturges, et dans le cercle étroit de mon expérience, je connais un jeune homme qui n'a jamais pu désirer ni aimer une jeune femme, mais qui en adore de vieilles et n'épouse aucune de ses vénérables maîtresses par peur du ridicule. De vrai, il s'agit là d'une aberration de l'instinct sexuel, à mettre sur le même rayon que la sodomie et le lesbianisme, d'autant plus que cette *monade patho-*

logique habite une cervelle normale et saine sur tout le reste.

Pour tout ce qui regarde la santé de qui veut prendre femme et celle de notre compagne, je renvoie à mes *Eléments d'hygiène* et plus spécialement à l'*Hygiène de l'amour* où j'ai largement traité cette question vitale du grand problème.

CHAPITRE IV

LA SYMPATHIE PHYSIQUE — LA RACE ET LA NATIONALITÉ

L'amour est la plus forte, la plus irrésistible, la plus fatale des affinités chimiques; si le potassium pour se combiner avec l'oxygène sait l'aller quérir au sein de l'eau, l'allumer, l'embrasser d'une flamme vive, avec déflagration, figurez-vous ce qui arrive lorsqu'un homme au premier regard jeté sur une femme sent qu'elle est précisément l'atome avec lequel il doit se combiner fatalement, irrésistiblement pour rallumer la flamme de la vie.

Ce n'est plus une simple molécule électro-négative qui cherche, absorbe et dévore la molécule électro-positive opposée, mais tout un organisme, tout un microcosme qui attire dans son tourbillon propre un autre organisme, un autre microcosme parce qu'ils ne peuvent vivre qu'unis dans le ciel de la vie, comme là-haut vivent deux étoiles unies dans un mystérieux et éternel mariage.

Ce sont toutes les cellules de l'épiderme et les pores de la peau qui cherchent les cellules et les pores de l'autre organisme; ce sont les entrailles qui palpitent, les nerfs qui vibrent, les sentiments qui pleurent et sanglotent, les pensées qui s'agitent tumultueusement avec toutes les expressions de l'âme et qui cherchent les entrailles, les nerfs, les sentiments et les pensées que la nature a créé leurs frères.

Ce n'est pas en vain que ce moment a été nommé très heureusement en français : *le coup de foudre.*

C'est véritablement la foudre, cette force immense qui rapproche l'homme de la femme pour en faire une seule créature. Et cette force se nomme sympathie à l'échelon inférieur, amour à un degré un peu plus éloigné et un peu plus haut.

Je déteste les pédants qui prêchent la prudence parce qu'ils la font consister en une castration de toute virilité physique ou morale; pourtant je sens, moi aussi, le devoir de répéter :

Prenez garde au coup de foudre.

Vous me direz peut-être : « Vous ne faites que prêcher. Vous ne croyez donc ni à la faim, ni à la soif, ni au sommeil? »

Les coups de foudre sont tous égaux d'apparence ; mais dans l'espèce ils diffèrent beaucoup entre eux. Quelques-uns sont flammes innocentes ; là, leur grande lumière nous éblouit ; ici, ils nous assourdissent du fort roulement du tonnerre, mais c'est tout. Ce sont éruptions instantanées des sens et rien de plus.

Mais il y en a d'autres qui enflamment et réduisent en cendres tout ce qu'ils rencontrent sur leur chemin. Il n'est point de paratonnerre qui protège de ceux-ci. Ou morts ou foudroyés, autrement dit électrisés de la tête aux pieds par cette force contenue dans un autre corps qui peut-être a besoin du nôtre, comme le nôtre a besoin de lui.

Raisonnez pourtant, tâchez de décomposer dans le creuset de l'analyse la nouvelle passion. Vous appartenez à un autre et cet autre vous appartient, si, comme il arrive souvent, le coup de foudre a été réciproque.

***

La galvanisation amoureuse se produit aussi de différentes manières ; non pas par foudroiement, mais par courant doux, lent, par exemple, qui ne donne pas l'étincelle mais une émanation continue.

C'est d'abord une légère sympathie effleurant la peau, puis un picotement plus profond, comme un frémissement, qui, de l'épiderme, envahit les muscles, les nerfs, les viscères, va tant qu'il trouve devant lui quelque chose de vivant, et s'arrête à la moelle des os, parce qu'il ne trouve plus rien à électriser.

Théoriquement, ce second mode d'emprise de l'amour devrait être plus tenace et plus vigoureux que le premier, en vertu de l'axiome que l'intensité est égale à l'extension : mais dans la pratique, nous voyons un homme et une femme, atteindre au même point par fulmination ou par courant continu. C'est simplement question de temps et, que l'on voyage en train-éclair ou en train-omnibus, on peut arriver heureusement à la même station.

L'amour est un magicien si habile et si puissant, que, plus d'une fois, il fait ses prisonniers en passant par deux chemins différents. D'abord il foudroie, et puis il électrise lentement, et alors il n'est pas de force, humaine ou divine, qui puisse nous guérir de notre passion. Nous ne sommes plus un homme mais une chose; nous sommes le *perinde ac cadaver* des Jésuites, un membre de qui nous a conquis.

Les lois admirables de l'affinité chimique nous sont connues, et nous suivons les atomes semblables ou contraires dans leur groupement, suivant une règle numerique. Les autres lois, au contraire, qui éloignent et rapprochent les cœurs et les corps humains sont difficilement discernées, même par qui a l'œil fait pour lire dans ce grand livre de la psychologie, aux caractères minuscules, à l'écriture mystérieuse, dont les pages ne se tournent pas.

La sympathie doit être d'abord physique, puis intellectuelle, et suivre la grande route maitresse qui conduit du moins au plus, de ce qui est en dehors à ce qui est en dedans.

Les bocaux de Montelupo l'enseignent : les types différents se cherchent et s'aiment. Le blond attire le brun et vice versa; les petites femmes fluettes et menues plaisent aux géants et aux athlètes, les natures tendres émeuvent les ours et de la même manière. Mais il y a d'autres sympathies occultes, mystérieuses où le contraire ne se rencontre pas, et pourtant où l'attraction est très grande, irrésistible.

Combien de fois n'avez-vous pas regardé comme un prodige l'adoration d'un homme très beau pour une femme laide, et la recherche ardente, par une femme, d'une figure vulgaire. Vu l'étrangeté de l'opposition, nous sommes prêts à nous imaginer je ne sais quelle sale explication, ou une vile question d'argent ou la luxure, tandis qu'au contraire, il n'y a là qu'un simple fait d'affinité élective, dont les raisons échappent à notre ignorance et à notre vue bornée.

Regardez autour de vous, et dans le cercle étroit de vos connaissances vous trouverez de ces faits bizarres et surprenants. Pour ma part, j'ai sous les yeux un jeune homme, beau comme un astre, qui possède toutes les aristocraties du sang, de l'esprit et de l'argent, et qui, indifférent à tant d'autres sympathies qui s'émeuvent partout sur son passage, s'est amouraché d'une femme, qui est à peine une femme, qui n'est ni jeune ni belle, et qui, pour mille autres, passerait indifférente ou dédaignée.

J'ai vu un autre jouvenceau éperdument amoureux d'une ruine féminine, chez laquelle le lierre pieux de la coquetterie recouvrait les crevasses et les tares; un complet naufrage de toutes les lignes délicates. Il l'aima, l'aima tant, qu'après avoir été son amant pendant quelques années, il l'épousa sans que l'intérêt entrât pour rien dans ce mariage.

Il importe peu à votre bonheur, à l'avenir de votre mariage que l'étincelle ou le courant induit vous ait électrisé, mais la sympathie doit exister en vous et en elle. Par charité, pour l'amour de Dieu, ne la négligez pas, et ne croyez pas à ce dicton vulgaire qui a fait tant de victimes :

— *Mariez-vous, si toutes les conditions de fortune, de naissance et d'âge concordent. L'amour viendra ensuite.*

Non, l'amour ne viendra que très rarement et par hasard. Viendront au contraire l'antipathie réciproque, les cornes, les faux dans les déclarations de naissance de vos enfants, toute la boue sanglante dans laquelle patauge notre belle et vertueuse société moderne. Si dans leur premier élan d'amour, l'homme et la femme ne se rapprochent pas avec un frisson de terreur sacrée, si leurs mains ne se cherchent pas, ivres de se toucher, si le premier baiser n'est pas une volupté et le premier enlacement un délire, renoncez pour toujours à la douce et chère béatitude de la vie à deux.

***

La sympathie physique entre un homme et une femme est la voie qui peut les conduire au paradis; mais longue est la route; aussi avant d'entrer dans le champ de l'affection et des pensées, combien de fois le but ne s'évanouit-il pas! — Seuls logiques sont les sauvages qui, avant d'unir leurs mains pour toujours, s'éprouvent l'un l'autre, se séparant ou se mariant suivant le résultat de l'expérience. Mais nous, gens moraux et pudiques, nous devons nous contenter de deviner; et gare aux bévues!

Heureusement, la sympathie qui naît de la simple apparence extérieure de la femme s'accorde presque toujours avec celle plus profonde qui naît de l'accord des tempéraments, par suite de cette solidarité qui unit entre elles les diverses parties d'un organisme. Mais pour un trop grand nombre, cependant, l'intérieur est différent de l'extérieur, et un homme de glace fait sienne une femme de feu et *vice versa*. Dans beaucoup de codes, *l'incompatibilité des caractères* est une cause suffisante de divorce; mais l'incompatibilité des tempéraments n'est-elle pas une cause plus féconde de discordes domestiques? Les législateurs et les théologiens ont, à certaines époques, soulevé ce dernier voile qui recouvrît le nid d'amour; mais leurs verdicts et leurs articles de loi ont-ils ou n'ont-ils pas contribué au bonheur dans le mariage?

Je crois pouvoir répondre négativement, parce

que dans les codes modernes les devoirs et les droits génitaux des deux époux se réduisent seulement à ce qui a trait à la conservation de l'espèce. D'autre chose on n'en parle pas, et l'on fait bien. Mais d'un autre code inédit pour guider notre conduite individuelle, dit-on quelque chose? enseigne-t-on quoi que ce soit? Y a-t-il, là-dessus, un seul guide, bien mieux, un seul horaire de trois sous, comme ceux des chemins de fer?

Aussi le peu que je sais, c'est après avoir étudié l'homme et la femme pendant près d'un demi-siècle, après avoir comme médecin, comme anthropologiste, comme psychologue, osé soulever tous les voiles, sonder toutes les cavités, palpé tous les pouls qui battent, tous les nerfs qui vibrent.

L'idéal de l'harmonie physique entre deux époux, c'est qu'ils aient faim tous deux à la même heure et de la même chose.

Comme cela arrive assez rarement, il convient que l'homme qui est toujours le chef d'orchestre de ce duo donne le *la* ; c'est-à-dire qu'il élève ou abaisse le ton, de manière que l'accord soit parfait. La chose n'est pas difficile, et si les grands maîtres arrivent à faire marcher d'accord et en mesure les cent instruments d'un orchestre, comment ne serait-il pas plus facile d'accorder deux instruments seulement?

Ensuite, rappelez-vous en première ligne, que la

sonate doit durer de longues années, et qu'il convient, par conséquent, dès le principe, d'habituer votre camarade d'orchestre à marcher de façon à ne s'arrêter jamais et à arriver au but sans accident. Si vous commencez par les croches et les doubles croches, je vous plains. Elle s'habituera à cette allure qui deviendra pour elle une nécessité et qui pourra, pour vous, être la cause d'une catastrophe.

Car, sans supposer dans la femme une excessive lascivité, si vous avez été assez fortuné pour en trouver une qui ait plus de cœur que de sens, elle croira n'être plus aimée, et dans le silencieux secret des veillées nocturnes, elle pleurera en mesurant votre amour à la cadence musicale trop tôt changée. Cela est largement démontré par ce que j'ai écrit d'hygiène génitale, et par ceux qui m'ont suivi dans la même voie, abattant les murailles qui protègent l'ignorance des choses de l'amour : les femmes sont encore très ignorantes et mesurent l'amour comme les notes de musique (1).

Pensez donc à l'avenir qui vient vite, qui dévore avec une faim canine le pauvre présent, et mettez-

1. Pendant que j'écrivais, est paru en Allemagne un livre courageux sous ce titre : DER KAMPF DES GESCHLECHTER. *Eine studie ausdem Leben und für das Leben.* (LA LUTTE DES SEXES. *Une étude de la vie et pour la vie.*) *Leipzig*, 1891. Un volume de 173 pages. Ce livre est écrit par une femme, déjà connue en Allemagne dans le monde littéraire et qui a publié quelques romans sous le pseudonyme de FRANZ VON HEMMERSDORF.

vous dès le premier jour à l'*andante moderato*. Si vos moyens vous le permettent, allez pourtant, jusqu'à l'*allegretto*, mais par charité ne partez jamais de la croche, encore moins de la double croche.

***

Je me surprends, cependant, à vagabonder dans le champ de l'hygiène du mariage, bien que je ne doive parler ici que de ce qui le précède.

Sans faire l'expérience des sauvages, vous voulez à première vue deviner le quantum de l'appétit amoureux de votre future compagne.

Eh bien, commencez par étudier sa famille, et surtout la mère qui donne à ses enfants le système nerveux avec toutes les annexes et les connexes de la sensibilité, de la chasteté et du libertinage. Rien n'est plus héréditaire que la capacité amoureuse, et j'ai eu sous les yeux des exemples terribles de catastrophes advenues parce qu'on n'avait fait attention qu'à la seule fiancée, sans penser à sa mère ni à son père.

Moi-même, j'ai conseillé à un de mes amis d'épouser une jeune fille, qui paraissait et était jusqu'alors la déesse de la pudeur, l'ange de la chasteté. J'ai écrit mon : *rien ne s'y oppose* sur le passeport de mon ami, et lui qui avait la bonté de me croire un grand spécialiste en cette matière abstruse, s'embarqua, confiant et heureux, sur la mer tempêtueuse du mariage. Mais, hélas ! au bout de quelques mois la déesse de la pudeur était devenue une Messaline! — J'avais négligé de m'informer du tempérament de son père et de sa mère.

L'enquête faite, la jeune fille étant reconnue comme ayant *patente nette*, vous devez l'étudier elle-même.

Toutes les autres conditions mises de côté, si vous désirez une femme tranquille et peu exigeante, cherchez en elle les éléments suivants :

Cheveux blonds, yeux d'azur, adiposité développée; sérénité du regard, ingénuité des mouvements, peu ou point de nervosisme. lèvres peu charnues, aucun duvet à la lèvre supérieure ; un grand amour des enfants, signe certain d'un grand développement du sentiment maternel, qui est le frein le plus puissant de l'érotisme exagéré.

Voulez-vous, au contraire, une femme ardente? Vous la trouverez plus facilement avec les cheveux et les yeux noirs, la peau brune, la lèvre épaisse et pubescente, le corps sec.

Elle sera névrosée, très sensible, de caractère capricieux, elle aura le regard de feu et des mouvements de couleuvre.

Pourtant tous ces linéaments physiques et moraux sont rudimentaires et n'ont que la valeur des signalements qui se lisent sur les passe-ports et qui peuvent s'appliquer à une centaine de personnes différentes. Il me faut même faire la critique de ces deux portraits bien qu'ils soient totalement vrais et le fruit d'une foule d'observations.

En ce qui concerne les blondes et les brunes, je dois faire observer, par exemple, que j'entends parler de ces peuples dans lesquels le grand mélange des types ethniques donne, dans la même ville, dans la même campagne, des femmes, aux cheveux blonds, châtains et noirs.

Là où toutes sont blondes ou toutes noires, il y a pourtant toujours des femmes de glace et des femmes de feu sans que pour cela change la couleur de leur peau ou de leurs cheveux.

L'adiposité du corps a une très grande importance parce qu'elle a les rapports les plus intimes et les plus variés avec la nutrition générale de tout l'organisme. Il est bien rare de trouver une femme exigeante parmi les grasses, à moins qu'elle ne soit hystérique et que par la pubescence des lèvres et des seins elle ne soit condamnée à la stérilité. Il est également rare de trouver une femme froide parmi les maigres, à moins qu'elle n'ait trop de duvet aux lèvres ou autour des mamelons et ne soit stérile.

De même le développement charnu des lèvres est un bon caractère pour mesurer la sensualité d'une femme ; il est même assez bon pour que je l'aie élevé au rang d'un caractère ethnique, l'ayant rencontré chez les races les plus variées de l'Asie et de l'Afrique, chez celles ou la polygamie est en usage, où l'amour physique est la principale joie, la principale occupation des hommes et des femmes.

***

Je ne crois pas possible qu'aucun de mes lecteurs épouse jamais une négresse, une hottentote ou une australienne. Je tairai donc toutes les questions qui ont trait à l'hybridation, aux races, aux conséquences de tous les croisements possibles. Si, avant de mourir, la joie m'est donnée l'écrire ma monographie de l'homme, mon *microcosmus*, alors je dirai mes idées à ce propos, je ferai à la dernière heure ma profession de foi et, en deux mots, elle se réduira à démontrer combien se trompent ceux qui déplorent les effets des croisements sur les générations futures, combien se trompent ceux qui, dans l'école diamétralement opposée, les proclament toujours utiles.

Le croisement d'une race supérieure avec une race inférieure abaisse la première, élève la seconde et donne un produit de qualité moyenne.

L'union de deux races également inférieures donne généralement un produit également inférieur, mais différent des deux autres qui ont fondu leur sang dans le creuset de l'amour.

L'union de deux races moyennes ou élevées produit des effets très divers selon les cas, selon les conditions; ils nous sont encore peu connus et doivent être étudiés un à un.

Si pourtant vous ne devez jamais épouser une négresse ni une peau rouge, et très probablement une chinoise ou une japonaise, vous pourrez facilement vous éprendre d'une anglaise, d'une allemande ou d'une espagnole; car aujourd'hui les chemins de fer et le télégraphe vont rapprochant les peuples et renversant les frontières, les mariages eux-mêmes préparent les bases des futurs Etats-Unis d'Europe, qui seront certainement la pierre angulaire d'une république cosmique, celle des Etats Civilisés du monde.

La diversité des types et la sympathie des contraires font naître de faciles et ardentes amours entre les peuples bruns et les peuples blonds. Plus d'un Italien a dû fuir la Scandinavie à cause du trop de sympathie qu'il éveillait chez les candides et blondes filles de l'Edda; et si un fils blond d'Arminius va dans sa jeunesse en Espagne ou dans l'Amérique du Sud, il est bien rare qu'il ne revienne pas dans sa patrie avec une femme et les dépouilles opimes d'une grande victoire amoureuse.

Est-ce un bien? Est-ce un mal?

Pour les enfants, c'est presque toujours un bien; pour les époux, c'est souvent un mal. Le bonheur du mari et de la femme est sacrifié à l'espèce, et il ne tient qu'à vous de mettre en balance les conséquences opposées et probables de votre union.

La nationalité n'est pas une race, mais elle s'en rapproche beaucoup, et, de toutes façons et toujours, elle est la somme complexe d'une infinité d'éléments physiques, moraux et intellectuels, qui font un Anglais aussi différent d'un Espagnol, qu'un Italien d'un Norvégien.

Etre d'un autre pays que notre compagne ne signifie pas seulement parler une autre langue, mais veut dire, en outre, aimer, sentir, penser, haïr, désirer des choses différentes. Nous sommes tous les fragments vivants de la longue histoire de nombreux siècles, et faire accorder, souder deux créatures nées sous des cieux différents, élevées dans des goûts différents, avec des idéals différents de religion, de moralité, de pratiques, de coutumes, est une chose possible, mais difficile et rare.

Regardez autour de vous, et vous verrez que les motifs de ces mésalliances sont presque toujours l'intérêt pécuniaire ou héraldique, quand un amour tout-puissant n'a pas noyé sous la furie de ses ondes tumultueuses tous les autres *considérants* qui militent en faveur d'un mariage raisonnable.

Ils sont célèbres, entre autres, les mariages des jeunes filles américaines, millionnaires qui viennent en Europe pour y échanger leurs dollars contre le blason plus ou moins armorié de nos comtes, de nos marquis, de nos princes. La nationalité différente des deux époux est une chance de moins pour leur bonheur, et elle s'aggrave cent fois lorsqu'elle associe des religions différentes. Il n'y a pas de grand amour sans une grande foi, et qui aime trouve d'insignifiants obstacles dans le parler de deux langues différentes, dans le port de costumes divers, dans le fait de prier à l'église ou à la mosquée. Mais les fortes amours, si longtemps qu'elles puissent durer, se calment et deviennent une chère et douce accoutumance, et, quand la mer des passions s'est calmée, à travers les eaux devenues claires et transparentes, nous voyons dans le fond les écueils qui hérissent les différences, les divergences de goût, les habitudes contraires, écueils qui se soulèvent, viennent à fleur d'eau et rendent la navigation difficile et pleine de périls.

Alors la lune de miel se cache sous d'épaisses nuées chargées de pluie, elles crèvent sur notre indifférence et notre barque se perd sur les brisants de l'incompatibilité et de la discorde.

Les calfats avec leur or, leur blason essaieront pourtant d'aveugler la voie d'eau de notre navire; mais ce ne seront jamais que radoubages mal réussis, et la sainte harmonie des cœurs et des âmes sera pour toujours perdue.

CHAPITRE V

LES HARMONIES DU SENTIMENT

Poissons, oiseaux et mammifères, quand ils se sentent capables d'aimer et veulent conquérir l'amour, se parent d'organes nouveaux, de nouveaux chants, de séductions nouvelles; armés de ce faisceau esthétique ou musical, ils combattent la douce bataille de la volupté. Ils font montre devant la femelle de tout ce qu'ils ont de plus beau, de plus irrésistible et remportent la victoire.

De même l'homme et la femme. Ils s'ornent, cachent leurs défauts, étalent leurs beautés, et comme entre eux la bataille se livre dans des sphères plus élevées, chacun d'eux met à neuf ses vertus rouillées et en invente de nouvelles, bannit ou emprisonne ses vices, ses défauts et ses faiblesses morales. Vernisseurs, menuisiers, peintres circulent dans la maison du matin au soir pour que tout resplendisse de netteté et d'allégresse, comme lorsqu'on attend un hôte illustre, un grand personnage.

Et ils ont raison, parce que l'hôte que l'on attend n'est rien moins que l'amour.

Sitôt que la saison des amours est finie, oiseaux, poissons, mammifères, cessent de chanter, laissent tomber leurs parures; ils redeviennent humbles et vulgaires comme ils l'étaient avant la mue. Et leur compagne, séduite par la représentation qui a bientôt pris fin n'a pas lieu de faire des comparaisons ennuyeuses ou de se plaindre, parce qu'ils se séparent et qu'aucun des deux ne pense plus à l'autre.

Au contraire, pour l'homme, la toile de la comédie érotique tombée, reste le mariage.

Il reste avec ses défauts qui éclatent à la lumière, avec ses vices qui bourgeonnent de nouveau sur leurs branches taillées, avec ses petites iniquités qui peu à peu, une à une, reviennent de l'exil.

C'est là une des sources les plus fécondes de désunion dans le mariage, et il convient de la prévenir. Nous devons à travers la naturelle coquetterie des sexes découvrir la vérité vraie qui se cache, et, sous le vernis, sous le poli qui le recouvrent, reconnaître le métal.

Ce n'est pourtant pas tout hypocrisie que cet embellissement artificiel de l'homme et de la femme qui se font la cour; c'est un besoin naturel, irrésistible de montrer à la personne que l'on aime ce qu'il y a de meilleur et de cacher ce qu'il y a de pire en nous. Mais, de ce besoin naturel, on s'élève, par une échelle aux degrés multiples, jusqu'à l'hypocrisie la plus noire qui change le cuivre en or, le verre en diamant, en ange le démon.

Très peu savent voir juste quand ils ont sur les yeux les lunettes de l'amour, et ce n'est pas en vain que, depuis l'antiquité la plus reculée, on a peint l'amour les yeux bandés.

L'amoureux est assez aveugle, je dirai mieux assez daltonien pour intervertir les couleurs, assez halluciné pour voir des vertus là où sont des vices, et pour trouver la faiblesse sympathique, plaisant le mensonge, joyeuse la trahison.

L'esprit d'observation le plus aigu, la plus profonde connaissance du cœur humain ne suffisent pas à défendre de ces séductions, grâce auxquelles la personne aimée apparaît toujours comme un paysage à travers un verre couleur de rose.

Pourtant le manque d'harmonie des caractères est le péril le plus grand et malheureusement le plus fréquent qui pèse sur le mariage, et il peut arriver au point d'obliger les conjoints à la séparation, et, là où la loi le permet, au divorce. Une formule officielle et légale désigne ce terrible accident sous le nom d'incompatibilité d'humeur.

Et que signifie cette redoutable parole? Quel est donc ce monstre qui peut délier ce que l'amour a uni, qui peut transformer en torture la volupté, en fiel le miel, le paradis en un enfer? — Quand j'aurai écrit mon livre, *Les caractères humains*, que depuis tant d'années je médite et prépare, peut-être pourrai-je avec une lumière plus vive rechercher ce point obscur de la psychologie des individus et des nations. Aujourd'hui, je me contente de traiter le problème à grandes lignes, et seulement en ce qui peut contribuer à la félicité du mariage.

Mais constatons, sur le champ, ce fait terrible que parmi toutes les causes de mésintelligence possibles entre les hommes et les femmes, aucune n'exerce une plus lourde influence que celle qui naît du désaccord des caractères.

Le bonheur peut exister entre un homme riche et une femme pauvre, entre un homme pauvre et une femme riche, entre un vieux et une jeunesse, entre deux êtres d'intelligence différente et de diverses cultures ; nous avons des exemples. rares, il est vrai, mais bien constatés d'accord parfait entre toutes ces dissonances contemporaines, mais quand les caractères grincent et se heurtent :

Laissez toute espérance vous qui entrez !

Le désespoir sera l'état habituel de votre existence commune.

***

Incompatibilité d'humeur ne signifie pas disparité des goûts, des sympathies, des aspirations, car la diversité est nécessaire à la parfaite harmonie, et l'homme et la femme (nous l'avons cent fois démontré) s'aiment d'autant plus, d'autant mieux que l'un est plus homme et l'autre plus femme, ce qui revient à dire qu'ils sont plus dissemblables.

Incompatibilité d'humeur veut dire, en langage vulgaire : l'attelage d'un bœuf et d'une cavale arabe; l'obligation pour un cerf et une tortue de cheminer ensemble; la condamnation pour une oie et une hirondelle à voler attachés au même fil. Et pourtant ces figures pèchent contre la vérité, parce que, dans leur énormité, elles ne rappellent que de très loin le désaccord psychique de l'homme et de la femme. Dans cet accouplement monstrueux du cerf et de la tortue, de la cavale et du bœuf, de l'hirondelle et de l'oie, il n'est en somme question que d'un problème de locomotion. Mais dans cette course de l'homme et de la femme à travers la vie, il ne s'agit pas seulement de vitesse, mais d'ambiance, de mesure, de tout ce qui peut modifier les sens, les sentiments, les pensées. Pour trouver une comparaison qui serre de près et dépeigne, prises sur le vif, les tortures d'un homme et d'une femme obligés de vivre ensemble, je ne trouverai pas de comparaison plus juste que celle d'un oiseau condamné à rester uni avec un poisson; pourtant cette comparaison pèche encore, car du poisson ou de l'oiseau l'un des deux mourra certainement et vite; tandis que de l'homme et de la femme, aucun ne meurt, ils vivent au contraire, ne sentant de la vie que les nausées, les douleurs, le dégoût.

Il en est de même des forçats que nous rivons à la même chaîne sans consulter leurs sympathies;

mais (et c'est moins grave) ils ont entre eux l'affinité psychique du crime qui les rapproche, souvent celle du vice; parfois le commun espoir de l'évasion les transforme en alliés, en peut enfin faire deux frères. Mais dans ce bagne qu'est un mariage mal assorti, la chaîne n'est pas unique. Il y en a cent, mille, toutes invisibles, mais qui, comme autant de liens, entravent deux existences, les condamnent à la triste parenté d'une commune torture, que redouble pour chacune celle de l'autre.

Ici, c'est la chaîne des cœurs, ici, celle des goûts, ici, celle des sympathies, et celle des antipathies, des habitudes, des désirs, des pudeurs, et à travers ces chaînes courent les anneaux des mépris, des rancœurs, des haines, des malédictions, des vengeances, des représailles.

Au plus petit mouvement, l'un à travers cette chaîne du forçat répercute sa propre douleur à l'autre, qui la lui retourne, augmentée de ce qui lui est propre, rendue plus cruelle par la vengeance. Et chaque déchirement a un écho, et chaque écho s'amplifie au centuple, si bien que toute la vie n'est plus qu'une plaie, comme si tous les nerfs étaient en proie au tétanos, comme si chaque organe du corps, chaque repli de l'âme se transformait en une rage de dents.

Quand une blessure béante se cicatrise, un mouvement plus brusque du compagnon vient arracher la croûte et rouvre la plaie, et il n'y a plus, dans cette atmosphère de martyre, un seul membre qui ne souffre pas, un seul sentiment qui ne soit une douleur.

C'est pourquoi ce qu'on appelle l'incompatibilité d'humeur a été, à juste raison, jugée par beaucoup de législateurs comme une cause suffisante de divorce. Elle l'est et le doit être, plus que l'impuissance, plus que les mauvais traitements, plus que nulle autre cause de séparation.

***

Cette cacophonie des sentiments prend de trop nombreuses et de très variables formes ; mais au fond elle peut toujours se ramener à ce schéma :

Ce qui me plaît te déplaît; ce qui te rend heureux me fait souffrir.

***

La femme est une hermine qui se laisse tuer plutôt que de traverser un lac de neige souillée de boue.

L'homme au contraire, comme le chimpanzé, aime l'ordure et s'y roule, et il n'est pas une partie de son corps ou de son âme, qui n'aime la boue. Comment peuvent-ils vivre ensemble?

***

Lui est optimiste jusqu'au cynisme, égoïste jusqu'à l'adoration de soi-même : son dernier mot est : « Après moi le déluge ».

Elle est pessimiste pour avoir placé son idéal si haut qu'aucune main humaine ne peut l'atteindre.

Elle ne peut vivre une heure sans aimer, sans dévouer une pensée, un acte, un sacrifice au bien de quelqu'un.

Comment peuvent-ils vivre ensemble?

***

Lui n'a jamais éprouvé le besoin du surnaturel, et ne croit ni en Dieu ni en l'existence de l'âme.

Elle est née mystique et l'éducation maternelle l'a rendue religieuse et superstitieuse. Même elle a une forte tendance à l'ascétisme.

Comment jamais ces deux natures pourront-elles être heureuses ensemble?

***

Il est franc, expansif jusqu'à l'imprudence, impétueux jusqu'à la colère. Il dit brutalement ce qu'il pense et à haute voix, jure, sacre, quitte à regretter, une heure après, de s'être emporté.

Elle est fermée à double tour, timide, défiante, n'exprime jamais que la dixième partie de ce qu'elle ressent, elle est peureuse et comme avare de toute expansion. Délicate comme un mimosa, elle se replie sur elle-même dès qu'elle rencontre un grain de sable, un cheveu, une plume qui la choque. En toute chose elle voit une offense, un manque d'égards, en tout elle soupçonne le mal et, dans le bien même, recherche, avec un zèle d'inquisiteur, les intentions mauvaises.

Et ils vivraient heureux ensemble?

***

Il est misanthrope par inertie ou par défiance, il déteste la société et la fuit.

Elle adore les conversations bruyantes, les caquets, les balivernes, les plaisanteries, le théâtre, le bal. Sans y chercher l'occasion de pécher, d'ailleurs, mais seulement parce que tout ce qui fait du bruit, tout ce qui étourdit lui plaît.

Et vous voudriez que ces deux êtres bénissent le mariage.

***

Il est démocrate par naissance, par instinct, par éducation. Il déteste toutes les formes du despotisme, depuis celui de la mode jusqu'à celui du parlement. Il est socialiste et serait anarchiste, s'il n'avait le cœur sain et bon et s'il n'aimait avec passion les hommes.

Elle est d'une famille de noblesse ruinée, elle conserve et vénère son propre blason ; si quelqu'un, par courtoisie, lui donne de la marquise, elle rougit de plaisir et son sein palpitant soulève son corsage. Toutes les autorités lui inspirent un sincère et profond respect, elle s'incline très bas devant le prêtre, le soldat, le millionnaire, le prince.

Ces deux êtres pourront-ils se trouver bien de la vie commune?

***

Il est avare et ne le veut confesser; cache ses propres revenus et se lamente perpétuellement de sa pauvreté. Rien n'échappe à son inquisition domestique ; ni l'aumône d'un sou faite à un mendiant à la porte de la maison ; ni la bougie qui brûle inutilement, ni le marc de café jeté au jardin comme engrais avant d'avoir fourni une deuxième, une troisième édition. Le bruit de ses plaintes parce qu'on a trop dépensé, parce que les impôts sont trop lourds empoisonne l'air autour de lui de relents de chanci, de renfermé.

Elle est généreuse, splendide d'hospitalité et de charité. Elle voudrait être heureuse, faire des heureux autour d'elle et s'entendre dire de tous côtés : « Merci, merci ». Elle ne comprend pas comment on peut se tourmenter aujourd'hui en pensant au lointain après-demain. Enfin l'incertitude de demain n'est pas pour elle sans charme et la séduit. Elle croit à la providence et à la fortune et défend avec ardeur tous les prodigues !

Et ils sont mari et femme !

Sans cesse en un état d'excitation fébrile ou de dépression, il soutient, envers et contre tous, que l'homme le plus malheureux est celui qui est incapable d'enthousiasme, et que le plus heureux est celui qui vibre à tout coup ; il espère être celui-là.

Elle, au contraire, est froide, et se rit de toute forme d'enthousiasme parce qu'elle lui semble une forme de folie, déteste la poésie, toutes les ivresses psychiques, toutes les passions quand elles dépassent 10° centigrades. — Héroïsme, sacrifice, martyre, sont pour elle objets de moquerie et elle se contente de répéter que ce sont des imaginations de roman ou de théâtre.

Et ils vivraient en bonne intelligence ?

Il suffit de ces quelques exemples, pris sur la scène du monde réel, pour donner une idée de la grandeur des dissonances possibles entre caractères dans l'association conjugale.

En réalité, elles ne sont pas toujours si flagrantes, si impertinentes, mais elles sont plus complexes, plus embrouillées, et le désaccord ne provient presque jamais d'une seule note, mais de tout un ensemble.

Mais, que faire pour nous défendre du péril de l'incompatibilité d'humeur ?

Il y a un moyen : étudier, étudier encore le caractère de celle dont nous voulons faire la compagne de notre vie.

Bien persuadé qu'elle se montrera beaucoup meilleure qu'elle n'est en réalité, il convient de faire tous nos efforts pour la surprendre, en chemise, et mieux encore, tout à fait nue. Je parle, bien entendu, au figuré : je la veux nue de toute recherche de coquetterie, de tout artifice d'hypocrisie.

Commencez par examiner le milieu moral dans lequel elle vit, et avant de l'étudier elle-même, étudiez vos futurs beaux-parents. Elle n'est qu'un rameau d'une plante sur laquelle vous voulez greffer votre vie, et en grande partie le caractère des filles est la reproduction de celui de leurs auteurs. Il est bien rare qu'une mère légère ou libertine ait une fille chaste, et d'une famille d'aventuriers ne naît presque jamais un lys d'innocence. On rencontre bien des prodigues, fils d'avares et *vice versa*, des bigots, fils d'athées et des mécréants, fils de bigots. Mais, en matière de coutumes morales, elle est bien rare l'hérédité d'antagonisme. Examinez, surtout, le milieu moral dans lequel est née la jeune fille, ses habitudes, les livres qu'elle lit, les divertissements qu'elle préfère. Informez-vous aussi du caractère de ses amies, et plus d'une fois, comme dans un miroir, vous verrez apparaître l'âme de celle que vous voulez épouser.

Je connais un ange de femme; elle a beaucoup d'amies qui l'aiment à l'envi et sont, chacune, jalouses de l'affection qu'elle porte aux autres. Ce sont toutes femmes supérieures, de goût fin, sûr, de sentiments délicats, de cœur généreux. Elles chantent le chœur de ses vertus, et moi, sans la connaître, d'après ses amies, je l'ai mise au rang des êtres célestes. Je ne me suis pas trompé.

Après une enquête psychologique sur les parents et sur les amies, ne dédaignez pas de descendre plus bas. Interrogez la femme de chambre, la cuisinière, le cocher, la couturière, la fille de ferme, tous ceux qui, à un titre quelconque, la servent ou lui obéissent.

Personne ne nous connaît mieux que nos serviteurs; pour eux nous ne déployons ni luxe d'hypocrisie, ni ostentation de fausse vertu, et si une femme de chambre ne sait pas faire une analyse psychologique de la jeune fille, elle découvrira, du moins, les secrets les plus intimes de son caractère.

Les natures bonnes, nobles, généreuses, ne maltraitent jamais leurs serviteurs, car elles ressentent pour eux toute la compassion que peut inspirer l'humilité de leur condition, et leur font éprouver la vertu domestique et quotidienne d'une bienveillance tendre et affectueuse.

Méfiez-vous, au contraire, des caractères qui malmènent les gens de service et, à tout moment, en changent. Ce sont presque toujours des méchants qui, ne pouvant donner essor à leurs instincts mauvais dans une sphère plus haute, se vengent en tourmentant leurs esclaves. La vanité déçue, la jalousie cachée, toutes les mauvaises humeurs, toutes les rancœurs des petites rivalités sociales, rejaillissent sur la femme de chambre, la couturière et le coiffeur.

S'ils ont un besoin de despotisme à satisfaire, ils le passent sur cette pauvre victime payée à tant par mois et obligée de vivre de toutes les ordures morales de ses patrons. Je connais des femmes appartenant à la plus haute aristocratie de la naissance et de l'argent qui n'ont pas honte de frapper brutalement, cruellement leurs caméristes. Si vous arrivez à connaître pareil fait, ne transigez pas, ne pardonnez pas, mais fuyez la présence d'une femme qui exercerait plus tard sa méchanceté, son despotisme sur vous et vos enfants.

Je vous affirme qu'à la fin de votre enquête sur les antécédents héréditaires, sur les relations d'amitié et celle-là — plus intime — sur les rapports de votre bien-aimée avec ses serviteurs, vous connaîtrez exactement l'âme sœur de la vôtre, celle avec laquelle vous chanterez toute la vie l'hymne du bonheur parfait et unique : le bonheur à deux.

Mais rarissime est cette fortune. Dans la plupart des cas, vous ne trouverez ni le désaccord absolu, ni l'idéale harmonie; mais un accord partiel que vous pourrez par vos efforts, par votre bonne volonté, peu à peu transformer en harmonie sans tache.

Si votre amour est grand, profond, s'il est entré dans votre chair; si, en même temps que vous aimez bien, vous aimez assez, soyez sûr que les écueils s'en iront en morceaux, que les montagnes s'aplaniront, que les épines s'émousseront d'elles-mêmes, parce que l'amour est le plus habile des magiciens et sait convertir le fiel en miel. A cet œuvre thaumaturge, la femme surtout est habile, et vous seriez l'égoïste le plus endurci, la créature la plus antipathique du monde, si, au bout de peu de jours, votre compagne ne réussissait pas à vous faire marcher de front avec elle.

Cependant, persuadez-vous que cette harmonie ne doit pas seulement être celle qu'on obtiendrait d'une victime résignée ou d'un esclave soumis. Ce serait un accord artificiel et faux, qui durerait peu et ne vaudrait rien. Ce doit être une lente et habile pénétration des aspérités de l'un dans les creux de l'autre; ce doit être une acclimatation intelligente et bienveillante des goûts et des habitudes aux milieux; de même que la ligature du rameau de vigne se fait sans douleur, de même que ses pampres semblent se complaire à être attachés au tuteur qui la soutient, et que ses grappes joyeuses et rouges paraissent sourire de joie à la treille et à l'échalas. De même le bonheur est un fruit qui exige une savante et amoureuse culture. L'espalier, c'est nous, les hommes; la vigne, c'est notre compagne qui s'attache à nous, liée par les liens de l'amour et d'une réciproque indulgence.

Epousez surtout une femme bonne et qui vous aime, non pas pour le nom que vous portez, non pas pour les louis qui emplissent votre coffre-fort, mais parce qu'elle vous trouve beau, vous estime, et qu'elle est fière de porter votre nom.

Alors vous serez presque sûr que les petits désaccords de caractère s'aplaniront ; et, dans la patiente indulgence avec laquelle votre compagne supportera vos défauts, vous reconnaîtrez la marque chaque jour, à chaque heure, d'un amour qui ne finira qu'avec son dernier soupir.

CHAPITRE VI

LES HARMONIES DE LA PENSÉE

Faut-il épouser une femme bête, une femme intelligente, ou une femme lettrée ?

Si un plébiscite devait résoudre cette question, cent voix donneraient probablement le scrutin suivant :

Pour la femme bête — 10 voix ;

Pour la femme lettrée — 0 ;

Pour la femme intelligente (à savoir d'une intelligence normale) — 90 voix.

En ce siècle où la majorité tient lieu du droit et de la raison, le problème serait donc résolu par ce plébiscite dont nous garantissons le résultat.

Chaque vote, de toute façon, devrait être précédé de commentaires nombreux et variés, qui se peuvent traduire en conseils pratiques à l'usage de ceux qui veulent prendre femme.

Les dix électeurs qui auraient voté pour la femme bête ajouteraient qu'ils ne désirent pas qu'elle soit idiote, mais d'une intelligence limitée, un peu bébête, pas trop ; ils voudraient cependant qu'elle rachetât ce défaut par une grande bonté, une grande jeunesse, beaucoup de belle humeur. Ils souhaiteraient, surtout, une compagne qui les aidât à faire du bon sang, qui les tînt en allégresse. Or, est-il rien de plus aimable, de plus délicieux, de plus irrésistible qu'une bourde tombée d'une jolie bouche? Elle fait rire ; notre rire provoque celui de celle qui a dit la sottise, et quand elle nous montre de jolies dents, bien rangées, blanches comme perles, oh! bénie soit alors l'ânerie et celle qui l'a dite.

Les quatre-vingt-dix qui auraient refusé leur vote à la femme lettrée souhaiteraient que l'on sût que, s'ils aiment la culture chez la femme, ils détestent la pédanterie, et que, pour rien au monde, ils ne prendraient pour femme un *bas bleu*; encore moins une *chaussette bleue*, variété de l'espèce dont le premier baptême remonte à H. de Balzac.

Ouïes ces explications, commentons-les à notre tour. — Dans notre société italienne la culture générale est beaucoup trop inférieure à celle que l'on rencontre généralement en France, en Allemagne, en Angleterre, aux États-Unis. Au moins, chez nous, ayons le courage de le reconnaître quand ce ne serait qu'avec l'espoir que le rouge de la honte nous montera au visage et nous décidera à guérir nos enfants de cette plaie nationale.

Les hommes de mince culture en souhaitent une

plus mince encore chez leur femme quand ce ne serait que pour être écoutés, au moins dans le cercle de leur famille. De là une répugnance générale à enseigner trop de choses à nos filles, de là une antipathie pour les écoles supérieures de filles, et pour tout ce qui tend à élever le niveau intellectuel de notre compagne. Jusqu'à présent des essais hâtifs et mal digérés, n'ont pas réussi à améliorer l'opinion publique et nous voyons, généralement, ne se consacrer aux hautes études que les jeunes filles très laides, hystériques ou pauvres.

Nous ouvrons tous de grands yeux devant une femme médecin, une femme littérateur, comme devant un phénomène qui nous surprend et change notre premier *ah!* de stupeur en un *oh!* d'admiration; mais cette femme demeurera toujours pour nous un phénomène.

De vrai, c'est un phénomène, c'est une idole à placer sur un autel parmi les encens de notre admiration, qu'une femme qui pense comme un homme, qui possède la science comme un professeur, qui écrit des livres qu'on lit, qui peint des tableaux qu'on regarde, qui sculpte des statues que l'on récompense. C'est une idole admirable si, à ses talents, elle joint la beauté et la grâce; une demi-déesse, une déesse, si son intelligence n'engendre pas l'orgueil, si son génie est entouré d'une féminité éclatante et parfumée.

Mais qui trouvera ce phénomène, et qui, l'ayant trouvé, l'épousera?

Si la femme savante est laide et maussade, si son corps, sa voix, qui la font plus homme que femme, jurent avec son nom de baptême, oh! alors, nous sommes tous d'accord, nous n'en voudrions pas pour épouse; elle appartient à une espèce nouvelle, c'est une sorte d'hermaphrodite dont nous admirons les livres, les tableaux, les statues, mais dont nous ne voudrions pas dans notre alcôve.

Dans l'union sexuelle, les harmonies complémentaires doivent se vérifier par celles de la pensée, si nous voulons le bonheur; et comme l'homme a été fait par la nature plus intelligent que la femme, l'harmonie parfaite ne pourra exister qu'à la condition que l'homme pense vigoureusement, veuille énergiquement, domine la femme, et la guide à travers les sentiers de la vie et des gloires du progrès.

Cette proposition renversée ne donne que dissonance et contre-temps; c'est une humiliation pour l'homme, et, disons-le, pour la femme, car elle veut, quatre-vingt-dix-neuf fois sur cent, être aimée, caressée, adorée, mais elle aime à se sentir dominée.

Malheur à la femme d'intelligence supérieure à son mari, qui est amenée à le prendre en pitié, à corriger ses fautes, excuser ses bévues et ses sottises!

L'amour est une affinité chimique; ses composés sont d'autant plus stables, que sont plus dissemblables les éléments qui se combinent. L'idéal d'un mariage parfait est la combinaison d'un homme, très homme, *hommissime* et d'une femme, très femme, *femmissime*. Toutes les fois que l'homme possède un caractère féminin et la femme un caractère masculin, l'affinité chimique diminue d'intensité, et la combinaison s'altère, se détruit, au moindre choc, au premier contact d'un troisième corps qui intervient et possède une affinité plus grande que celle de l'un ou l'autre des éléments.

Une femme très intelligente et un homme d'une intelligence au-dessous du médiocre forment une combinaison de corps qui ne possèdent entre eux qu'une très faible affinité parce que la première possède un caractère de penseur, qu'elle est virile, tandis que le second n'a qu'un caractère féminin. Un troisième élément, vient, en effet, trop souvent corriger l'affinité élective, et la femme savante prend, alors, pour amant un homme de génie qui la domine ou un mâle qui apaise ses sens, tandis que le mari à l'esprit étroit se console en se donnant pour maitresse une paysanne illettrée ou une femme de chambre sans grammaire, avec laquelle il puisse se venger de la supériorité de sa femme, sur laquelle il puisse établir sa primauté intellectuelle.

***

Je demande pardon (à genoux, s'il le faut, car je sais que ma faute n'est pas mince), de traiter du *plus* ou du *moins* dans la mesure de l'intelligence.

C'est de la psychologie de sauvage ou d'enfant : mais le *beaucoup* ou le *peu* sont pourtant toujours la première approximation à trouver dans un problème, et le *combien* passe toujours avant le *quand* et le *comment*.

Admettons donc que, dans l'harmonie de la pensée entre l'homme et la femme, la quantité doive toujours être à l'avantage de l'homme. La culture de l'homme ira sans cesse croissant, et avec elle, inévitablement, nécessairement, grandira la culture de la femme; mais elle devra toujours demeurer quelques degrés au-dessous de la nôtre, non au-dessus; non pas que nous craignions de perdre la primauté on la prépotence, mais parce que le travail du cerveau est plus pénible pour la femme et plus dangereux, et que son énergie naturelle est moindre.

Regardez autour de vous, sans sortir de l'Italie, et dites-moi combien il y a de femmes normales, de femmes saines et parfaites parmi nos femmes savantes. Je n'insiste pas pour ne pas m'attirer une grêle de flèches empoisonnées. Quelques-unes de ces femmes sont mes amies très vénérées, très admirées et je souhaite conserver leur amitié jusqu'à mon dernier soupir. Si cependant l'on disait que quelques-unes sont stériles et beaucoup névrosées, s'en fâcheraient-elles? — Je les estime trop pour le croire.

L'homme est si avide de se savoir supérieur à la femme dans le champ de la pensée que, lorsqu'il trouve une faute d'orthographe dans la lettre d'une femme bien élevée, il en est aussi heureux que s'il avait trouvé un diamant dans un fleuve. Cette mince erreur échappée dans la fureur hystérique d'une expansion amoureuse a, en réalité, la valeur d'un diamant, parce qu'il confirme notre jugement, nous rassure sur la créature que nous aimons et nous montre d'un trait sa féminité gracieuse et séduisante. Une faute d'orthographe, une faute de grammaire dans une lettre de femme, c'est un petit pied mutin qui se montre sous les volants d'une robe et qui chante la gloire d'un sexe, les inépuisables délices de l'amour, c'est une courbe séduisante, qui sous les voiles épais, chuchote à l'oreille palpitante de désirs : « Là-dessous il y a Ève; Ève qui attend Adam... et le désire.

L'harmonie de la pensée entre les deux sexes doit naître de l'accord des diversités, de telle manière qu'aucune fierté ne soit blessée et que chacun soit heureux de former avec l'autre un total et non une différence.

Un homme de science et une femme artiste peuvent former une délicieuse harmonie à deux notes; de même un naturaliste avec une femme qui aime la musique; un psychologue, analyste impitoyable, et une femme qui saura découvrir vivement le côté comique des choses, et aussi cent autres combinaisons de valeurs intellectuelles diverses qui s'ajouteront, laissant chacun content de son sort.

Plus encore que les aptitudes spéciales, il y a le caractère sexuel qui marque son empreinte dans la pensée de l'homme et de la femme.

L'homme trouve, découvre, crée; la femme devine, distingue, analyse.

L'homme moissonne, la femme glane.

L'homme, ardent à l'accès, et souvent aussi, d'un orgueil exagéré, embrasse trop et mal étreint. La femme se tient derrière lui et recueille ce qu'il a laissé échapper.

L'homme a moins de tact pour juger le milieu qui l'entoure, et souvent, croyant caresser, donne un coup de poing. La femme, au contraire, éprouve comme un délicat galvanomètre, les plus légères oscillations électriques et magnétiques de l'atmosphère qui l'enveloppe ; sous ce rapport, elle est un merveilleux et précieux instrument pour l'homme politique, l'écrivain, l'artiste qui cherche un nouveau chemin vers le beau, et doit, en outre, triompher des résistances.

Je le plains celui qui, avant de lancer un livre, d'exposer un tableau, de prononcer un discours à la Chambre, n'a pas auprès de lui une femme aimée dont il puisse attendre lumière et chaleur. Si le marin ne sort pas du port sans consulter le baromètre, l'homme ne peut ni ne doit tenter une entreprise sans avoir consulté ce baromètre par excellence qui est la femme qu'il aime. Combien de naufrages pour n'avoir pas pris cette précaution, fût-ce par orgueil ou par distraction!

Seriez-vous l'homme le plus génial du monde, votre œuvre serait-elle le fruit de longues et profondes méditations, tenez pour certain que, dans le grand polyèdre de la vérité, quelque facette a échappé à votre regard et qu'elle ne passera pas inaperçue aux yeux de la femme aimante, précisément parce qu'étant femme elle voit une foule de petites choses que l'homme ne perçoit pas, et parce que, vous aimant, elle a devant les yeux du cœur comme un verre grossissant qui lui fait voir, en grand, tout ce qui peut vous nuire ou vous servir.

***

Il est bien rare quand une femme a conquis notre sympathie physique et morale, que nous n'en soyons pas détaché par quelque divergence intellectuelle; si nous voulons l'idéale perfection nous devons donc marier à la fois les corps, les cœurs et aussi les esprits.

Pour cela il nous faut rechercher dans notre compagne :

Une discrète culture.

Un goût exquis du beau.

Un esprit d'observation très aiguisé.

Une divination du caractère humain.

Si vous trouvez tout cela dans une seule femme, si elle est belle, si elle est bonne, vous pouvez dire que vous êtes l'homme le plus heureux de la terre, et proclamer au monde entier que vous avez non pas une, mais trois femmes, étant marié par les sens, par le cœur et par la pensée.

CHAPITRE VII

LA QUESTION BUDGÉTAIRE DANS LE MARIAGE

Avant de se mettre en ménage, les oiseaux construisent le nid où naîtra leur couvée et qui la défendra des intempéries. Bien des hommes, moins prévoyants que les oiseaux, prennent femme sans savoir comment ils abriteront les fils de leurs amours. A l'oiseau, l'air, la terre, la forêt donnent gratuitement la pâture; à l'homme ne la livrent que le boulanger, le boucher, le restaurateur, et encore ont-ils la faiblesse de vouloir en être payés.

L'imprévoyance économique dans le mariage est une plaie de toute société en décadence qui s'observe surtout chez les ouvriers et les dégénérés, chez tous ceux qui, dans la vie, combattent toujours et toujours succombent, et deviennent des prodigues fatalistes auxquels l'au jour le jour suffit.

Le fatalisme affecte beaucoup de formes; mais c'est toujours une lâche castration de soi-même ;

c'est une mutilation plus cruelle encore parce qu'elle tranche les nerfs de la volonté, parce qu'elle est, en résumé, une abdication de ce que nous avons de meilleur en nous-mêmes. Chez les individus c'est une castration ou une mutilation, chez les nations c'est un suicide; et bientôt l'Empire ottoman dira où l'a conduit le fatalisme turc.

Mon cœur est pitoyable et je crois payer ma dette aux naufragés de la vie; mais chaque fois qu'un malheureux m'a demandé l'aumône et cherché à excuser son abattement physique et moral en me disant : « J'ai une nombreuse famille, j'ai tant d'enfants », la nausée m'est venue et j'ai eu sur les lèvres cette réponse :

« Et pourquoi les avez-vous faits? »

Or ce cri n'est ni une insulte à la misère, ni une brutalité; c'est la voix de la raison qui, si elle était écoutée dans la maison du pauvre, suffirait à résoudre le problème social.

Je suis un malthusien impénitent, et tant que j'aurai un souffle de vie, je dirai à tous ceux qui luttent contre la pauvreté :

« Aimez, mais n'engendrez pas. »

En vain les prêtres et les pudiques moralistes de la Providence combattront le malthusianisme; c'est désormais une institution sociale, qui, sans avoir besoin d'un code écrit, gouverne l'économie de la famille en France, en Italie, en Allemagne et jusque dans la pudique et féconde Albion.

C'est en vain que nos *Éléments d'hygiène* ont été mis à l'*Index*, puisque d'année en année l'apostolat malthusien a fait de nouveaux disciples et qu'il continue à en faire.

Je ne suis pas de ceux qui croient trop fermement, trop fanatiquement, que la limitation du nombre des naissances suffise à résoudre le problème social. Non certes, elle ne suffit pas ; mais elle déblaie le terrain de chacun des buissons, les plus épineux, auxquels se déchire la félicité humaine ; et la comparaison des prolétaires dans les cités populeuses de l'Europe et lse solitudes de l'Amérique du Sud, suffit à me convaincre que la prolifique imprévoyance est la mère la plus féconde de la faim, de la maladie et de la mort.

Si, après cela, vous n'êtes pas malthusien, si vous ne voulez pas vous convertir à la nouvelle religion, si vous n'avez pas de paille pour construire votre nid, ne prenez pas femme et augmentez le nombre glorieux des bêtes de proie et des coucous.

Je sais bien que le plus antipathique, le plus odieux des problèmes du mariage est la question économique ; mais nous ne pouvons l'éviter, le résoudre en fermant les yeux et n'y pas penser.

Aimer et être aimé, sentir se dédoubler la vie et s'élargir les horizons de l'avenir ; boire dans les yeux d'une femme tout un printemps en fleurs et sur ses lèvres sentir s'ouvrir la porte du Paradis, puis, tout à trac, au milieu de tant d'ivresse, être obligé de parler de revenu et de dot ; devoir, entre deux baisers, se rappeler que pour loger ce paradis nous n'avons, je ne dirai pas même une chaumine mais la plus modeste chambrette ! C'est dur, cruel, abominable, mais c'est nécessaire.

C'est le quart d'heure de Rabelais en affaires d'amour ; c'est le mot du trappiste, qui au réfectoire dit à son voisin : « Frère, il faut mourir » ; c'est l'hôte entrant dans la salle du festin et présentant l'addition à des convives gais mais prodigues.

C'est pourquoi, en fait de mariage, il convient tout d'abord de faire ses comptes ; de les faire froidement, sérieusement, implacablement.

Je ne permets l'imprévoyance qu'à un seul homme : à celui qui sent en soi la force de combattre, l'énergie de se faire une place au soleil ; à celui qui se frappant le front, peut s'écrier : *Lumen adest*. Qu'importe qu'il n'ait pas de fortune et que celle qui l'aime n'ait pas de dot ? Il a foi en lui-même, et cette foi ne se repose pas sur l'orgueil mais sur la conscience qu'il a de savoir et de pouvoir ; tout cela vaut mieux qu'un patrimoine, parce que le phylloxera, le peronospora, les krachs des banques, les naufrages ne le menacent pas. Il durera autant que la vie et ses fruits dureront plus longtemps qu'elle.

Mais combien en est-il de ceux-là ?

A tous les autres je recommande, m'appuyant sur une expérience de plus d'un quart de siècle, une prévoyance d'autant plus grande qu'elle avoisinera la peur. Les bilans en déficit (toute l'histoire des finances italiennes, toute la chronologie de nos innombrables ministres des finances nous l'enseignent) sont toujours plus nombreux que ceux qui se soldent par un excédent. Imaginez donc ce qu'ils seraient, s'ils étaient établis par ce ministre du trésor qu'on nomme l'amour, le plus fou de tous !

Entre deux amants, mille et mille fois, entre un soupir et un baiser, revient ce mot :

— Une chaumière et ton cœur.

Mais le bon sens a réussi à jeter assez d'eau froide sur cette phrase pour la rendre ridicule et la reléguer dans le Musée des vertus comiques.

Pourtant malgré que j'aie vécu bien des années, j'ai encore l'ingénuité, la bonhomie de croire que le mot peut être juste lorsqu'il jaillit chaud et spontané de deux cœurs amoureux, et que ces deux cœurs logent en deux organismes d'élite, pour leur intelligence ou pour leurs sentiments ; la chaumière alors peut devenir une maison, voire un palais.

Mais combien en est-il de ceux-là ?

Les autres, aujourd'hui, ne disent plus « une chaumière et ton cœur » mais, au contraire : « une chaumière sans ton cœur ». « cent mille livres de rente avec ou sans cœur ».

Dans les premières pages de ce livre, nous avons

vu comment et pourquoi, dans notre société moderne le problème économique domine le mariage d'un pouvoir tyrannique ; de quelle manière il s'impose à tous, pourquoi il est devenu le *to be or not to be* de la famille.

***

Dans le bilan du bonheur, l'idéal est que mari et femme possèdent même aisance ou même fortune. Il n'est pas nécessaire qu'il y ait égalité absolue mais approximation aussi grande que possible. Dans ces cas heureux, l'égalité des fortunes ajoute à la dignité du pacte de famille et s'accorde, nécessairement, avec beaucoup d'autres habitudes, beaucoup d'autres goûts, beaucoup d'autres exigences.

Un hyperidéal, un comble de perfection serait que l'égalité des revenus s'accordât avec la diversité des richesses, de telle sorte que si le mari est un riche propriétaire fermier, la femme soit propriétaire d'immeubles, et que si l'un possède beaucoup de titres au porteur et de valeurs mobilières, la fortune de l'autre soit placée en terres et en maisons. De cette façon les bouleversements politiques, les bourrasques les plus inattendues ne mettraient jamais la famille sur la paille.

Dans une foule de cas une bonne profession exercée par le mari équivaut à une belle dot pour la femme; mais il convient de se rappeler que la vie est incertaine tandis que la mort est assurée. C'est donc aussi une cause des fréquents naufrages où sombrent le bonheur des familles dans lesquelles l'aisance provient toute du travail du père. S'il n'a ni terres, ni immeubles, ni valeurs publiques, mais un haut emploi qui lui donne la richesse, il soutient ses parents, ses fils sans mettre un sou de côté. Vienne un accident, une maladie qui tue le père sans crier gare, et de la vie heureuse et riche on tombe dans la plus noire misère.

Empleomania est un mot qui naquit en Espagne comme dans le terrain le plus favorable ; mais si nous ne l'avons pas inscrit dans nos dictionnaires classiques, il est entré dans la langue des classes peu élevées ; surtout et malheureusement nous posédons la chose qu'il représente ; cela nous donne la mesure la plus exacte de notre inertie intellectuelle et volitive.

Dans la classe moyenne et plus spécialement sur les degrés les moins élevés de l'échelle sociale, le rêve des bonnes mères de famille est de donner à leurs fils un emploi, et c'est le rêve d'une foule de jeunes gens à courte vue, à petite envergure morale que d'avoir un emploi quelqu'il soit

Ne pas se demander le matin ce qu'on fera l'après-midi, ne pas avoir besoin d'étudier d'avance le chemin que l'on suivra, mais aller au bureau à l'heure fixe, et à l'heure fixe rentrer chez soi ; obéir aux autres sans avoir besoin de réfléchir soi-même ; tous les jours escompter le doux repos du dimanche ; pendant onze mois s'endormir dans les délices du douzième, celui des vacances, et penser que chaque mois de l'année compte un jour qui est le 27 (1); jour béni, auquel, qu'il pleuve ou qu'il vente, que la droite ou la gauche soit au pouvoir, que gouverne Crispi ou Rudini, la caisse est ouverte et l'on touche ses appointements; oh! ce sont là bonheurs tranquilles et doux, qui font pleurer de joie les mamans, tressaillir les épouses, bondir le cœur des neuf dixièmes des bipèdes italiens, qui aiment la paix et la sécurité du lendemain... et le 27 du mois.

A fortunes inégales, cent fois mieux vaut que l'avantage de la richesse soit du côté du mari.

La femme n'est jamais humiliée si, pauvre, elle épouse un homme riche, si, aisée, elle donne sa main à un millionnaire. Quelle que soit sa jauge d'après les lois sociales, à quelque degré au-dessous de l'homme qu'elle ait été placée par la hiérarchie, elle apporte avec elle sa beauté, sa jeunesse, sa grâce, tant de trésors féminins, qu'ils peuvent facilement contrebalancer de nombreux millions et des blasons cent fois écartelés.

Il y a peut-être aussi une autre raison moins noble, mais plus humaine, pour expliquer l'inégalité de nos jugements en fait de mariage entre personnes de fortunes très diverses.

La femme, justement parce que la coutume la

1. Le 27 du mois en Italie correspond à notre fin du mois.

place au-dessous de nous, peut, sans rougir, accepter de l'homme la richesse, puisque, d'autre part, il lui est souvent impossible de gagner par le travail de ses mains ou de son cerveau le nécessaire de la famille. Tout conspire donc pour qu'elle puisse accorder sa main à un homme riche sans se vendre ni se prostituer. Quant à l'homme qui accepte la fortune de la femme sans y faire équilibre par un grand génie ou une haute position sociale, il renonce pour toujours à la dignité virile qui est son signe de noblesse; s'il se trouve en quoi que ce soit empêché vis-à-vis de la femme, il s'abaisse, et, au moindre choc des passions ou des vanités, peut être souffleté en pleine figure par une insulte qui le mordra jusques au fond du cœur.

Je connais quelques cas dans lesquels une femme richissime s'est énamourée d'un homme beau, intelligent, mais pauvre et qui a fui l'amour pour sauver sa propre dignité. La femme le pourchassa, le conquit, se confiant sans crainte à ce mot : « Ce que femme veut, Dieu le veut. »

Ils s'épousèrent. Mais je l'aime, lui, travaillant sans cesse de la plume, du pinceau ou de l'ébauchoir, après avoir fait serment à elle et à lui-même de ne vivre que de son propre labeur. Nobles et émouvantes luttes de la dignité personnelle, de l'amour et de l'orgueil, qui deviennent si rares, mais consolent notre vue quotidiennement attristée par tant de simoniaques luxures, par tant d'hypocrites héroïsmes, par tant de mensongse individuels, sociaux, politiques, qui épaississent l'air au point qu'ils en rendent la pénétration difficile au soleil.

Qui fait du mariage une industrie rira de tout son cœur de mes bizarres sentimentalités.

Qu'il rie ! Je ne prétends point lui enseigner l'art de faire du mariage un paradis terrestre. Il continuera à chercher la riante dot, et s'il a un beau blason et la bourse plate, il mettra le premier à l'encan afin de remplir la seconde ; si le jeu lui réussit, il jettera les écus de sa femme sur le tapis vert, sur le turf, dans les boudoirs des horizontales, et se réjouira d'avoir conquis en un jour, ce que tant d'autres ne peuvent réunir au prix de la sueur de toute une vie laborieuse et sans tache.

En fumant un havane parfumé, étendu sur un sopha turc, il se bâtira à lui-même, parmi les volutes azurées de son cigare, un monument d'admiration et de reconnaissance.

Est-il heureux ? Peut-être. Enviable ? non ; car il ne connait pas la félicité durable et vraie qu'assure la dignité, qui se cache dans les profondeurs de l'âme et que muselle le bâillon des sophismes et des transactions de conscience, mais qui, comme une lame d'acier, se brise et projette ses éclats d'autant plus loin qu'on l'a pliée plus brusquement.

L'homme qui, dans les soliloques inexorables de sa propre conscience a quelque chose à laquelle il ne peut penser, qui dans son propre appartement, a quelque chambre dans laquelle il ne peut entrer sans courber la tête et sans se repentir, n'est jamais heureux.

Lors même qu'après un long entraînement au cynisme, il réussirait à faire taire le cri de sa dignité offensée, adviendrait bien, en un jour de mauvaise humeur domestique, un de ces duels dans lesquels mari et femme se mesurent avec les armes des sourires amers, des compliments cruels, des insinuations pleines de perfidie et de venin, et quand la femme agitant son éventail à petits coups convulsifs sur sa poitrine, lui dirait : « A la fin, mon cher, je t'entretiens... » si cet homme, à ce moment, ne rougissait point jusqu'à la racine des cheveux, si en ce moment sa salive ne se changeait pas en fiel, ne se séchait pas dans sa gorge, si le venin n'envahissait pas instantanément toutes les fibres de son corps, toutes les sources de sa vie, cet homme ne serait pas un homme, mais un animal immonde ayant vendu sa propre virilité contre un peu d'or ; il serait plus abject, cent fois, que la pauvre prostituée qui livre son corps en échange du pain quotidien.

CHAPITRE VIII

INCIDENTS ET ACCIDENTS DU MARIAGE

Grâce à votre mérite ou à votre fortune vous avez pu choisir pour compagne la meilleure des femmes, et, pourtant, le problème du bonheur n'est pas encore résolu, tant sont nombreux les incidents et les accidents qui le peuvent altérer au moment où vous vous y attendez le moins.

Votre femme n'est jamais un météore tombé du ciel, mais un fruit encore attaché à une branche; cette branche se relie à un tronc, et ce tronc c'est la famille à laquelle elle appartient. En l'épousant, vous devrez fatalement épouser ses parents, vous entrerez dans un *clan*, qui peut être un jardin de roses, mais qui peut être aussi un essaim de guêpes ou un nid de vipères.

Ne vous faites pas l'illusion de croire qu'une fois maître légitime de votre compagne, vous saurez vous isoler dans le nid de votre bonheur, chasser guêpes ou vipères si jamais elles y entraient.

Supposons qu'elle vous aime, qu'elle vous aime beaucoup, qu'elle vous adore plus que toute créature au monde. Mais le *clan* auquel vous l'aurez enlevée la réclamera, protestera, conspirera contre vous. Ses parents vous ont cédé le gouvernement d'une province, mais ils entendent en conserver le protectorat; ils y placent un résident, en se réservant le droit d'intervenir en des cas très, trop nombreux.

La femme idéale serait presque une orpheline, qui n'aurait tout au plus que des parents éloignés ou un tuteur satisfait de la savoir mariée en de bonnes conditions. Mais ici, nouvelle complication. Être orphelin dès l'enfance, c'est avoir poussé à un cep peu sain, puisque les parents sont morts dans la force de l'âge.

La décadence de nombre de familles anglaises est due à ce fait que les cadets, porteurs d'un grand nom, mais ayant la bourse vide, cherchent à mettre d'accord leurs armoiries et leurs finances; cela les amène à épouser des orphelines ou des filles uniques qui implantent dans leur nouvelle famille tous les dangers d'une santé chancelante et de la stérilité.

Trop souvent les problèmes de la vie sont posés de telle façon que, lorsque vous avez réussi par des efforts acharnés de patience et de travail à dénouer une situation, une autre se noue sous vos doigts.

L'épouse, pourtant, pourrait être devenue orpheline par une cause indépendante de la santé de ses parents — alors ce serait le comble de l'idéal — elle pourrait par exemple avoir survécu à un incendie ou à un accident de chemin de fer dans lequel ses parents — très robustes d'ailleurs — auraient été brûlés ou écrasés.

C'est une supposition incroyable, une conjecture cruelle; mais que voulez-vous? — Il n'est pas rare qu'une belle-mère grondeuse, mauvaise ou jalouse et les dangers d'un incendie ou d'une catastrophe de chemin de fer se rencontrent.

Que toutes les bonnes belles-mères, courtoises, intelligentes, qui deviennent pour leur gendre une seconde mère, qui augmentent les plaisirs d'une vie à deux, qui y apportent toutes les chères bénédictions de leur expérience, de leur affection désintéressée, qui sont de judicieux conciliateurs dans les petites querelles domestiques, ne s'offusquent pas de ce que je viens d'écrire. Hosanna et gloire éternelle à ces créatures envoyées du ciel pour redoubler votre bonheur! Je ne parle que des autres qui, sans être mauvaises, sont femmes; de même que nous sommes hommes avec tous les défauts congénitaux de la race d'Adam.

La meilleure des belles-mères verra toujours en vous un intrus, un rival, un homme qui lui a enlevé sa fille, et, quoique bonne, elle ne vous écartera pas, mais vous fera des scènes de jalousie; elle ne conspirera pas avec votre femme contre vous, mais, chaque jour, dans le secret silence de sa maison, ravalera assez de salive amère pour se gonfler le foie, puis, un jour ou l'autre, sa jaunisse morale répandra dans l'atmosphère de votre nid une amertume que, vous aussi, vous sentirez.

Tâchons de comprendre et soyons indulgents. Ce fiel est sécrété par les fibres les plus profondes et les plus délicates du cœur.

Pendant vingt ans, pendant trente ans avoir aimé une enfant, l'avoir mise au monde dans la douleur, allaitée avec volupté, élevée avec un sage amour; avoir pendant tant d'années respiré le même air, mangé à la même table, partagé le pain et les larmes; et voilà que, tout à coup, le premier venu, parce qu'il porte culottes et qu'il a sous le nez une paire de moustaches impertinentes, vous enlève votre trésor de l'air fat de celui qui prend ou réclame son dû. Et cela ne suffit pas : votre fille, l'ange de votre foyer domestique, court droit à ce porteur de culottes, à ce moustachu et s'en va avec lui, abandonnant votre maison, sa maison, comme on fait d'une chambre d'auberge dans laquelle on a passé une nuit.

Soyons justes! Qui oserait lancer la première pierre à cette pauvre femme, à cette pauvre mère? Qui oserait l'envoyer promener si elle demandait, comme une aumône, que la nouvelle maison de sa fille fut voisine de la sienne, si elle vous suppliait de venir la voir quelquefois?

L'homme est égoïste, le sentiment de la paternité chez lui est beaucoup moins développé que chez la femme, mais pourtant, ne fût-ce que de loin, il peut comprendre la torture d'enfer endurée par une belle-mère qui voit partir sa fille de son propre nid.

Le mariage d'une fille aimée est un événement attendu, désiré, mais, comme une naissance, c'est une bénédiction accompagnée d'une terrible douleur. Les natures d'élite subissent cette douleur, mais n'en répandent pas la graine afin de ne point faire souffrir ceux qui les entourent, ne la transforment jamais en haine ni rancune.

Les autres, au contraire, changent chaque goutte de fiel qu'elles ravalent en une petite vengeance longuement méditée, couvée avec une patience cruelle, et que l'on vous servira au moment où vous vous y attendrez le moins.

Je vous suppose patient et bon, d'une philosophie optimiste et vous ferez la sourde oreille aux insinuations plus que melliflues, je dirai *gracieuses*, qui tomberont à vos pieds; vous remercierez pour les bonbons à la rhubarbe que l'on vous offre: contre vous s'émousseront en somme toutes les pointes des flèches qui vous seront lancées; mais un jour vous enverrez au diable patience, bonté, philosophie, et toute votre colère, longtemps comprimée, éclatant brusquement, vous regarderez votre femme dans le blanc des yeux et serez obligé de lui dire ;

— En somme, il faut en finir. Ou moi ou ta mère!

Dans toutes les langues européennes, les proverbes, les satires des poètes, les plaisanteries des auteurs dramatiques se sont toujours accordés pour plaindre les gendres et cribler de traits les belles-mères; signe certain que l'expérience des siècles a toujours considéré les bonnes belles-mères comme très rares et que, dans le mariage, la belle-mère est l'accident le plus gros de périls, le plus fécond en malheurs.

De tout cela il convient de retenir deux leçons :

1° Avant de nous marier, nous devons étudier à fond le caractère de notre future belle-mère et tâcher de découvrir si nous trouverons en elle un ange ou une harpie, une alliée ou une ennemie.

2° Quelque soit le résultat de notre enquête psychologique, nous devons de façon précise déclarer que nous ne voulons pas vivre dans la famille de l'épousée, ni installer notre belle-mère sous notre toit. Si l'élue de notre cœur nous aime vraiment, elle trouvera notre décision parfaitement juste et nous aidera à vaincre au cas où il nous faudrait livrer bataille.

Ne transigez pas, ne cédez pas un pouce de terrain. Soyez assuré que vous faites ainsi votre bonheur, celui de votre femme et celui de votre famille. Entre belle-mère et gendre il doit y avoir affection, respect; un courant de sentiments bienveillants, délicats, aimables doit circuler; mais tout cela à distance, à une distance très respectable, afin que l'étincelle ne puisse jaillir, les secousses se produire, afin surtout que le tonnerre ne tombe pas. Affection, non intimité; respect, non suggestion.

***

Le problème de la belle-mère résolu, nous n'en avons pas fini avec les complications du mariage. Voici celles qui naissent du veuvage des deux fiancés ou de l'un d'eux, qu'ils soient sans enfants, qu'il en existe d'un seul côté ou que tous deux en aient.

Les combinaisons possibles sont celles-ci :

- Deux veufs
  - sans enfants
  - avec enfants
    - du mari
    - de la femme
    - des deux conjoints
- Le mari seul est veuf
  - sans enfants
  - avec enfants
- La femme seule est veuve
  - sans enfants
  - avec enfants

Ces doubles, triples, quadruples combinaisons représentent autant de formules algébriques, dans lesquels se peuvent nicher pièges et menaces pour le bonheur, et rancœurs sans fin.

Si, veuf, vous épousez une veuve et que, l'un et l'autre, vous n'ayez pas d'enfants, aucune menace ne peut vous surprendre. Liberté de part et d'autre, personne n'a droit ni prétexte à intervention; le mariage se présente, à peu de choses près, comme celui de deux célibataires.

Vous ne serrerez pas une vierge entre vos bras, mais au moins l'aurez-vous su d'avance et vous ne pourrez être accablé par la surprise d'avoir chassé un lièvre et ramassé un lapin.

Vous pourrez, il est vrai, courir le danger que votre femme fasse des comparaisons qui ne soient pas à votre avantage. Un vieux proverbe dit, en effet, que les comparaisons sont toujours désavantageuses, mais je voudrais le corriger, et ajouter que la comparaison n'est désagréable que pour celui qui reste au-dessous, mais qu'elle est agréable pour celui qui l'emporte. Or, vous pouvez l'emporter sur votre prédécesseur et votre compagne en sera heureuse.

Si, à quelque point de vue que ce soit, vous avez un faible, faites une enquête sur les vertus reconnues ou cachées du premier mari et vous les mettrez dans la balance qui doit peser le pour et le contre du mariage.

Les deux veufs ont des enfants ou bien un seul des deux en possède. Les dangers sont alors très différents dans les deux cas.

Le cas le moins défavorable est celui où l'épouse seule a des enfants parce qu'alors le mari les aimera, s'il aime sa femme; d'autre part, l'homme restant moins à la maison, la paternité est toujours pour lui un épisode de la vie, non pas toute la vie comme la maternité l'est pour la femme. Si, plus tard, la fortune veut que vous n'ayez pas d'enfants, vous finirez probablement par aimer ceux de votre femme comme s'ils étaient les vôtres.

De même, dans le cas où des enfants existeraient

des deux côtés, l'équilibre s'établirait avantageusement parce que poids et mesures étant égaux, les deux époux n'auraient rien à se reprocher et supporteraient les mêmes inconvénients.

Le cas le plus mauvais est celui d'un veuf avec enfants auquel sa nouvelle femme en donne d'autres. Il est nécessaire, alors, que vous soyez un ange, que votre femme soit un ange, que vos enfants soient des chérubins pour que, un jour ou l'autre, la guerre civile n'éclate pas dans la maison. Pensez-y bien, pensez-y cent fois, et ne compliquez pas le mariage, déjà hérissé de tant de périls, en y introduisant l'imprévoyance et la témérité.

Dans les mariages entre veufs, le grand danger vient des enfants qui craignent de voir ou voient leur avenir compromis, et qui, se rappelant l'auteur perdu, croient reconnaître dans une nouvelle union un outrage à la mémoire du cher mort. Jamais comme dans ce cas, tout ce que l'homme a de venin et de fange au fond de son cœur ne remonte à la surface, ne se recouvre de bave et d'ordure. Jamais, comme dans ce cas, ne s'affirme la brutale puissance de l'égoïsme humain qui se couvre d'ordinaire de si brillants dehors, mais qui n'en demeure pas moins le squelette sur lequel se drapent les sentiments et les pensées.

Un seul des deux fiancés peut être veuf, et c'est le grand honneur des femmes que le nombre des veufs qui se remarient surpasse de beaucoup celui des veuves qui convolent en secondes noces. C'est la preuve que l'homme trouve le bonheur dans le mariage plus souvent que la femme, tandis que celle-ci est plus fidèle à la mémoire du mort et pense à ses enfants plus qu'à elle-même.

Combien de femmes j'ai connues qui, demeurées veuves de très bonne heure, ont sacrifié à leurs enfants le bonheur d'aimer et d'être aimées ; bien mieux, à un seul, fières de leur sacrifice, invincibles à toutes les séductions, à toute la puissance des plus légitimes passions.

Les enfants savent-ils apprécier ces héroïsmes cachés dans le nid de tant de familles; savent-ils que cette lutte qui dure des années et des mois exige un plus grand courage que celui qu'il faut pour courir, dans la bataille, à l'assaut d'une batterie? Bien rares sont ceux-là, parce que les meilleurs des enfants ne rendent pas à leurs parents, surtout à leur mère, la centième partie de l'affection qu'ils en ont reçue.

Le bonheur dans le mariage se trouvera-t-il plus assuré par l'union d'un veuf et d'une jeune fille ou par celle d'une veuve et d'un célibataire?

La réponse est difficile; le problème est posé en termes trop vagues et les qualités individuelles pèsent d'un trop grand poids dans la balance, modifiant chaque fois le milieu et les sentiments, tantôt conjurant les dangers, tantôt les accroissant à l'infini.

Toutes autres conditions égales d'ailleurs, la veuve qui se remarie est une excellente femme pour beaucoup de raisons. Elle a perdu une foule de ses illusions, mais elle a appris à connaître l'égoïsme de l'homme et à y compatir. Quelquefois elle a dû se faire pardonner par son premier mari quelques accès de jalousie, quelque caprice ; et comme la femme, toujours et en toute chose, s'occupe du bonheur d'autrui plus que du sien propre, elle veut donner à son second mari un bonheur parfait et y réussit souvent et sans peine. Si elle ne peut offrir à son compagnon les fleurs virginales qui sont plus souvent un mythe qu'un vrai joyau, elle lui apporte en revanche toutes les richesses de l'expérience amoureuse qui souvent vaut cent fois mieux que la virginité.

Le veuf qui épouse une jeune fille bénéficie, d'autre part, d'un avantage précieux puisqu'elle ne peut se livrer à des comparaisons désagréables pour lui et qu'elle apporte dans le nid nouveau des trésors que les célibataires ignorent et dont ils ne jouissent pas. Lui a appris à connaître toutes les petites faiblesses et toutes les grandes vertus de la femme ; il est donc disposé à se montrer moins égoïste ; à penser à autrui plus qu'à soi-même jamais moins qu'à soi, et généralement devient un très bon mari.

Dans tous les problèmes compliqués, dans toutes les difficultés que l'on rencontre fatalement dans le mariage entre veufs ou célibataires, l'ancre de salut, celle qui peut garantir de tout naufrage, c'est toujours le cœur.

Quand il y a grand amour, quand cet amour est partagé par deux êtres qui marchent la main dans la main pour toujours, toute difficulté s'aplanit et la concorde finit infailliblement par planter sa bannière sur la nouvelle maison. Les mauvaises humeurs les plus féroces sont vaincues par la généreuse indulgence de celui qui aime beaucoup, et, après un rapide combat des forces opposées, l'amour répand ses fleurs et ses bénédictions sur le nouveau foyer.

L'amour est la force des forces, il les asservit toutes à soi-même ; dans ce cas il est si puissant, que lorsqu'il peut donner libre expansion à son énergie entière, ne fût-ce que d'un seul côté, il absorbe toutes les énergies moindres. Sur ses champs, menacés de la grêle et de la foudre, le soleil sourit dans la joie de la pluie bienfaisante, et l'arc-en-ciel lance sur eux son pont polychrome, rapprochant les ennemis et les transformant en alliés.

Parmi tous les accidents que nous pouvons rencontrer au seuil du mariage, un des plus communs est celui qui se produit lorsque quelqu'un vous barre la route en grondant : « Halte-là ! on ne passe pas. »

Vous êtes mineur, votre bien-aimée l'est aussi, et ceux qui ont le droit de se prononcer ne trouvent pas votre choix de leur goût et vous ferment au nez, au double tour de tous ses cadenas, la porte du temple dans lequel vous seriez si heureux d'entrer. La guerre civile est déclarée, et il s'agit de savoir qui peut, qui doit vaincre.

Qui *peut* et qui *doit* ne sont pas synonymes, car les parents, d'un côté et de l'autre, peuvent refuser leur consentement à votre union, mais, bien souvent, ils ont tort et ne devraient pas s'opposer au mariage.

Lorsque deux amants s'aiment véritablement, s'ils se sont, secrètement et confiants l'un dans l'autre, juré l'éternel oui, s'ils ont déjà conjugué plus qu'à demi le verbe aimer, ils croient toujours avoir toutes les raisons du monde pour devenir mari et femme ; et quand ils ont essayé de tous les moyens honnêtes pour fléchir la volonté du tyran ou des tyrans, ils filent à l'anglaise, espérant que le fait accompli recevra tôt ou tard le contre-seing des opposants. Quelquefois les deux agneaux échappés sont rattrapés avant que le fait soit accompli, et à leur grande honte sont ramenés à leurs bergeries respectives. Les cas les plus graves sont accompagnés d'un double suicide ; l'asphyxie, le poison, le revolver entrent en scène.

Si jamais quelqu'un se trouvait dans ce cas désespéré et qu'il projetât de mourir, et qu'il eut, cependant, le temps ou le calme suffisant pour jeter un regard sur cette page, qu'il laisse le charbon au charbonnier, le poison au pharmacien et le revolver à l'armurier. La vie est une belle et bonne chose qui doit être gardée avec passion, choyée avec tendresse, et si l'amour doit être le parrain du mariage, pour témoins il lui faut toujours la raison et le bon sens.

Si l'on pouvait, d'un coup de baguette magique, ressusciter tous les suicidés par désespoir d'amour, quatre-vingt-dix fois sur cent, après avoir soigné leur blessure, gaîment ils reprendraient la vie et un autre amour.

Les parents ont toujours le droit et le devoir d'interroger, de protester, de conseiller et aussi d'opposer leur veto quand ils voient compromis l'avenir de leurs enfants, qui ont bien songé à prendre l'amour pour parrain, mais qui ont oublié de choisir pour témoins le bon sens et la raison.

Si vous voulez épouser une créature indigne, qui déshonorera le nom de la famille à laquelle vous appartenez et dont vous-même, au bout de quelques mois d'ivresse, vous aurez à rougir; si vous voulez vous unir à une femme tuberculeuse ou née d'une famille de phtisiques ou de fous, si vous voulez sans ressources dans le présent ni dans l'avenir, accroître le triste patrimoine des prolétaires ou employés; si, d'une façon ou de l'autre vous vous jetez, les yeux clos et la tête baissée dans un abîme sans fond pour satisfaire une démangeaison, que vous appelez passion, et qui n'est qu'un désir charnel: papa et maman ont absolument le droit de s'opposer, par tous les moyens en leur pouvoir, à votre ruine, et quand même ils n'y réussiraient pas, ils auraient toujours fait leur devoir. Si les moyens employés par eux réussissent, plus tard vous leur rendrez grâce et leur en aurez une infinie reconnaissance.

Dans tous les cas, je vous permets de lutter, je vous permets de pleurer et aussi de vous arracher quelques cheveux ; mais essuyez vos larmes, apaisez vos muscles, ramassez les cheveux arrachés, faites-en cadeau à votre belle et dites-lui qu'elle les conserve en gage d'une éternelle foi, jusqu'à votre retour ; après quoi vous devrez partir et partir rapidement, soit à pied, soit après avoir demandé quelque argent à vos despotes de parents ou à quelque ami complaisant. Voyagez en pays lointain; qui sait si, à votre retour, vous ne trouverez pas, à la maison, un joli paquet cacheté et attaché d'une faveur rose enveloppant vos lettres et vos cheveux, voire l'annonce du mariage de votre ancienne fiancée.

Que si, au contraire, votre amour a su résister à cette longue absence, si, en outre, il a pris des forces et s'est affirmé, qui sait si les féroces parents ne seront pas émus de pitié et ne viendront pas à composition, toujours pourtant si leurs arguments ne sont pas tirés de la phtisie, de la folie ou de tout autre accident qui doive, de façon absolument précise, déconseiller votre mariage. Il est meilleur pour vous, en effet, de mourir plutôt que de semer à pleines mains la mort dans les générations futures.

Il y a pourtant certains cas dans lesquels les torts ne sont pas de votre côté, mais du côté de ceux qui sans raison, tyranniquement, veulent s'opposer à votre bonheur, guidés par des préjugés de caste, par leur avidité pour l'argent ou par un caprice quelconque.

Vous êtes comte ou marquis et vous aimez une jeune fille d'une excellente famille, mais qui n'a pas droit à la particule ; ou bien vous êtes riche comme un nabab et voulez épouser une jeune fille bien élevée, une pureté angélique, mais sans fortune.

Dans ces cas comme dans d'autres tous semblables, appelez à l'aide votre mère toujours plus pitoyable que votre père, ou sollicitez le conseil d'un ami intime, qui fasse partie du petit nombre de ceux qui lisent dans votre cœur comme dans un livre ouvert et qui ne vous ait jamais flatté.

Dans cette lutte intime, il est bien rare que les torts ou la raison se trouvent tous du même côté et qu'il n'y en ait pas un peu de l'un et de l'autre ; mais votre main tremble trop pour tenir ferme la balance de la justice et peser exactement le pour et le contre. Au contraire votre mère qui vous aime, comme personne ne peut vous aimer (pas même votre amante), et votre ami qui vous connaît bien et voit les choses d'un point de vue dégagé de toute passion et plein de sérénité, vous donneront tort ou raison avec une impeccable justice; et si vous n'êtes ni fou ni crétin, vous finirez par croire qui vous aime et veut votre bien; au cas contraire, vous serez durement puni et demeurerez vaincu.

La Grèce de l'antiquité en appelait à Philippe à jeun et le meunier moderne aux juges de Berlin: et tous deux eurent raison contre Philippe et Frédéric-le-Grand. Votre mère et votre ami en appelleront à vous, non pas à jeun d'amour, mais un peu moins affamé, et qui sait s'ils ne finiront pas par avoir raison contre ce roi des rois qu'on appelle l'amour, et qui est plus fort que le père d'Alexandre et que Frédéric-le-Grand.

S'ils vous aiment vraiment, s'ils sont gens de bon sens et de bon cœur, ils ne vous diront pas : *non*, et encore moins : *jamais*, mais se contenteront de vous répéter : un peu de patience.

Le temps est le premier et le plus habile correcteur des fautes d'impression de l'amour, et la politique de Fabius Cunctator, qui vainquit dans tant de guerres, l'emporte aussi dans toutes les escarmouches et tous les combats.

La pierre de touche nous permet de distinguer l'or des métaux qui ne sont pas nobles; le temps nous fait reconnaître sans équivoque l'amour vrai du désir de la chair, des piqûres de l'amour-propre, de tous les amours en ruolz.

En outre de la maman et de l'ami que j'ai dits, si vous le voulez, écoutez la longue expérience de celui qui écrit ce livre, entendez sa voix qui vous dit vous crie suppliante :

« Donnez du temps au temps, ni toujours ni jamais. »

CHAPITRE IX

L'ENFER

En pleine saison balnéaire j'étais dans un restaurant de la ville de.., qui s'étale au bord de la mer. C'était la fête de l'eau fraîche et salée et, pour tous, l'oubli, pendant quelques semaines, des travaux et des amertumes de la vie des villes.

J'attendais mon déjeuner, assis devant une petite table, dehors, sous une tonnelle de vigne et de convolvulus; la brise de mer arrivait jusqu'à moi, jouant sur la nappe, mourant dans mes cheveux, se mêlant au parfum des fleurs qui, pour nous, faisaient doux leurs yeux roses, blancs et violets, heureuses elles aussi, dans toute cette joie du soleil, de la verdure, de la fraîcheur.

Presque toutes les tables dressées sous la tonnelle ou à l'ombre des arbres étaient entourées de gens contents, à peine sortis du bain, rafraîchis, ébouriffés, pleins d'appétit et d'allégresse. La vie humaine a de bonnes heures.

Devant moi une institutrice, chargée par une famille d'accompagner à la mer deux jeunes filles de dix à douze ans; fidèle à sa consigne, elle donnait une leçon de morale et de tenue à cette jeunesse tout en mangeant et en buvant comme une affamée. Je ne sais comment elle faisait, mais elle trouvait moyen de ne jamais interrompre son pédant discours, et pourtant ne cessait de manger ni de boire. Les élèves ne l'écoutaient pas, mais se regardaient en dessous, riant de l'inépuisable éloquence de leur maîtresse.

Un peu plus loin trois jeunes gens, qui avaient heureusement passé leurs examens; ils avaient obtenu de leurs parents, comme récompense, une saison de bains de mer, et ils riaient, ils riaient, s'exclamaient, ivres de jeunesse, prodigues, n'enviant rien à âme qui vive. L'un deux, ayant terminé son repas, pour payer une addition de trente sous tira de sa poche un billet rose de cent francs et le présenta au garçon avec une joie ingénue, de façon que tout le monde le vît. C'était le premier qu'il possédât, et deux fois déjà, dans la même matinée, il l'avait offert en payement, au café pour régler trente centimes, aux bains pour acquitter le prix d'un cachet de dix sous! Personne n'avait voulu le lui changer et, cette fois encore le garçon lui répondit n'avoir pas de monnaie; il en fut heureux car cela lui donnait l'occasion de tirer son billet une quatrième, une cinquième, peut-être une sixième fois.

En face de moi, une famille de sept ou huit personnes, déjeunait allègrement, et les enfants, gamme chromatique aux fraîches couleurs, s'espaçant de deux à quinze ans, chantaient chacun sa joie, les uns sautant sur les chaises, les autres se traînant à quatre pattes; ils jouaient avec un carlin auquel ils jetaient les miettes de leur assiette. Le père était rose, en bon point, en négligé, regardant en face sa blonde compagne, qui lui souriait comme un reflet de tout ce bruit de balbutiements, de rires de folies qui l'entouraient. Tout ces gens d'âges, de conditions, d'intelligences différentes, s'unissaient dans la même joie qu'ils semblaient avoir puisée à la mer, source de la vie planétaire, dispensatrice de la vie et de l'énergie. Le soleil cependant filtrait ses rayons d'or à travers les pampres, les lierres et les convolvulus, dessinant avec l'ombre et la pénombre de ces feuilles, sur les tables, sur les vêtements des femmes, sur les visages roses des enfants, sur le sable du jardin, des cercles, des auréoles, des scintillements.

En observateur solitaire, je m'amusais de toute cette fête de lumiere et de gens heureux; mais je ne m'étais pas encore aperçu que j'avais seulement regardé à ma droite et devant moi; je portai tranquillement les yeux vers la gauche, certain d'y trouver une autre scène de joie lumineuse.

Le tableau était tout autre.

A une table élégante et blanche comme ses voisines, et comme elles égayée des rayons du soleil et des jeux de l'ombre et de la lumière, étaient assises deux personnes : un homme et une femme.

L'homme paraissait trente-cinq ans, elle devait en avoir quarante-cinq. Il était beau de force et d'énergie virile ; elle était déhanchée, épaisse et bossue. Ce devait être une montagne qui faisait saillie, dans son dos, mais elle ne se voyait pas trop, grâce à la tête retombant de biais sur la poitrine et à tous les artifices cruels employés pour cacher la gibbosité de derrière, et qui semblaient préparés pour faire ressortir la gibbosité de devant. Ses extrémités étaient grossières, quoique ses mains fussent soignées et chargées de bagues. Des boucles d'oreilles criardes, un médaillon énorme entouré de diamants et où se trouvait son portrait, à lui. Mari et femme, sans aucun doute.

Elle mangeait, mais certainement ne goûtait pas la saveur des aliments. tournait mainte et mainte fois les bouchées entre ses maxillaires, tandis qu'une autre, piquée à la fourchette, attendait son tour pour entrer dans la bouche. Elle ne pleurait pas, la pauvre bossue, mais elle soupirait de temps à autre, et ses yeux étaient humides et tristes. Parfois, automatiquement, elle déposait sa fourchette, encore chargée d'aliments, sur son assiette, et regardait son compagnon amoureusement, avec une tendresse inexprimable, attendant, implorant un regard.

Mais ce regard ne brillait jamais, car lui, tandis qu'à ses lèvres frémissantes d'une main il portait les bouchées, de l'autre il tenait un journal qu'il lisait avec une curiosité affectée pour n'avoir pas à rompre le silence. Lui non plus ne pleurait pas, et encore moins soupirait, mais son front se ridait; lui aussi souffrait d'une de ces douleurs intenses, cachées, que l'on n'avoue pas et qui sont rivées à l'âme comme un boulet.

Je ne détachai plus les yeux de cette scène muette et poignante.

Après un long silence, timide, hésitante, comme avec la crainte de commettre un crime, elle dit :

— Tu ne veux rien?

Il sursauta, comme si cette parole l'eut souffleté et se tourna vers sa compagne, pinçant les lèvres rapidement, comme s'il eut été pris d'une subite et irrésistible nausée,

— Non, je ne veux rien.

Ce « non » fut prononcé avec colère, avec mépris, ce « non » voulait et devait être une gifle pour qui devait l'entendre.

Il posa longuement sur elle son regard ; un regard chargé de haine, de remords, de dégoût. Il semblait qu'il passât en revue toutes les laideurs de sa compagne, que jamais jusqu'alors il ne l'eût vue aussi défaite. Les rides, les cheveux gris, la bosse, la poitrine déformée, les bras qui ressemblaient à des jambons fumés, et les anneaux, les joyaux dont l'éclat paraissait jurer avec toute cette chair flasque et terne; toutes les difformités à la fois, tous les grossiers manques de goût, insultaient cet homme jeune, robuste et beau, coupable d'avoir vendu sa jeunesse et sa virilité à une pauvre femme qui avait cru pouvoir aimer encore et encore être aimée. Eux aussi s'étaient plongés quelques moments plus tôt dans l'onde salée de la mer; eux aussi avaient bu les rayons du soleil; mais soleil ni mer n'avaient pu donner la joie à ces deux complices qui avaient échangé la luxure contre l'or ; qui avaient transmué le saint amour en une honteuse prostitution, chair contre billets de banque.

***

Elle avait déjà doublé le cap de la seconde jeunesse; il était jeune encore.

Elle se déshabillait. Lui, déjà au lit, suivait avec une anxieuse curiosité le progressif dévêtissement de ce corps autrefois si svelte, si beau, si troublant et aujourd'hui submergé sous tous les alluvions de la graisse envahissante.

Il voulait se cacher sous les couvertures et le faisait, mais une curiosité malsaine le poussait à mettre la tête dehors, à regarder.

Elle pourtant avait lu bien souvent dans son miroir la désastreuse débâcle de son corps, et pour se dévêtir recherchait la solitude; mais, cette fois, elle avait dû, malgré tout, se déshabiller sous ses yeux.

Elle s'ingéniait à voiler les régions de son corps les plus dégradées, et, par un dernier reste de coquetterie laissait couvertes ses épaules, *ultimum moriens* du corps de la femme; mais défiante de soi, peureuse de ces regards qui paraissaient la traverser d'outre en outre, elle laissa, d'un coup, tomber sa chemise à ses pieds, et le naufrage de sa beauté apparut brusque, cruel, sans pitié ni pour elle ni pour lui.

Elle jeta un cri et pour se couvrir... se coucha. Lui, égoïste, sans pitié, oublieux de toutes les délices que lui avait procurées ce corps, autrefois si beau, si éclatant de jeunesse, poussa un autre cri et lui jeta ce mot à la face.

— A certain âge, je crois qu'il conviendrait d'avoir un peu plus de pudeur.

De cette soirée, de cette heure, ils furent ennemis; deux forçats rivés à la même chaine.

***

Etendue plutôt qu'assise sur un canapé, étayée de coussins grands ou menus qui lui permettaient de modifier un coin du cadre qui lui était destiné, elle fumait une cigarette, avec, sur ses genoux, un roman français qui ne devait pas l'amuser beaucoup, puisqu'à ce moment elle bâillait.

Ce bâillement fut abrégé, ou mieux encore, coupé par l'ouverture brusque de la porte du salon. Il n'y avait que Lui qui entrât chez elle de cette façon, et cette fois c'était encore plus Lui que d'habitude : le mari toujours, aujourd'hui, le mari en colère.

Il arriva le chapeau sur la tête et la canne à la main, comme s'il eut été sur le point de sortir de la maison ou comme s'il venait d'y rentrer. Le second cas était le vrai. Revenant d'une promenade, on lui avait donné dans l'antichambre une lettre de grand format. Une note de couturière, la troisième ou la quatrième depuis quelques mois. Le total en était élevé plus que de coutume.

Pénétrant dans le salon pour faire une scène à sa femme, il tenait cette note à la main.

— Ah! çà, madame, quand donc en finirons-nous avec ces factures.

Elle ne répondit pas et continua de fumer, mais une légère rougeur couvrit son visage.

— On voit que madame se croit millionnaire... c'est la troisième note qu'il me faut payer depuis quatre mois. Voyons, quel jeu jouons-nous?...

Madame, jetant dans un cendrier japonais la cigarette éteinte, étira voluptueusement ses membres, découvrant comme par hasard un pied de fée et une jambe sculpturale. Déjà plus d'une fois cette exposition des images sacrées à l'amour avait conjuré de violents orages. Aujourd'hui pourtant, la vue du pied et de la jambe ne réussirent pas à désarmer le mari qui avait jeté sa canne sur un divan, mais gardait son chapeau sur la tête pour accentuer l'outrage de ses paroles, la force de ses menaces.

Alternativement il dépliait et repliait avec rage le malheureux papier...

— Je ne paierai pas cette note et elle la paiera comme elle voudra. Elle a des bijoux (que je lui ai donnés)... qu'elle les mette au clou et qu'elle s'arrange... Ça lui apprendra à faire la princesse avec l'argent des autres...

Le petit pied et la jambe étaient rentrés sous les jupes, honteux de leur défaite, et la femme, enfin, se décida à desserrer les lèvres.

— Vous ne pouvez pourtant pas m'obliger à faire mauvaise figure dans le monde.

— Mais quel monde, un monde de bohêmes! Beaucoup de femmes, plus grandes dames que toi, ne dépensent pas la moitié de ce que tu me coûtes. Je me suis renseigné, je le sais bien...

— Oui, c'est ta Fifi qui te l'a dit, ta Fifi à qui tu paies des notes bien plus salées que celles de ta femme.

Jamais jusque-là la femme n'avait prononcé le nom de la danseuse, et le mari croyait cette amourette ignorée de tout le monde.

Il rougit jusqu'à la racine des cheveux, fronça le sourcil, se secoua comme s'il eût été mordu par un serpent et le dialogue s'aigrit jusqu'à la brutalité.

— Ah! tu es jalouse, et insolente, par-dessus le marché! Il me semble que lorsqu'on n'a pas apporté un sou de dot à son mari, il conviendrait d'être un peu plus modeste et surtout économe.

— Bien, très bien, monsieur! Je vous ai apporté ma jeunesse en dot, ma beauté en était une autre! Oui, monsieur l'insolent, une bonne dot, une vraie richesse qui ne risquait pas de sombrer dans le krach de la banque de Turin? Quelle sot-

8.

tise! Et lui que m'a-t-il apporté? Une tête chauve, de fausses dents, un corps ruiné par le vice... Un beau patrimoine, en vérité.

— Ah! elle avait une dot! Je ne l'ai jamais vue!

— En fait de fortune, je n'ai jamais vu que l'or avec lequel on a plombé vos dents... Vendez cet or, et payez la note de ma couturière.

La facture vola au pied de la femme, et le mari sortit en claquant les portes de façon à faire trembler sur l'étagère tous les nedzkés japonais qui s'entrechoquèrent avec un bruit de quincaillerie.

Et la femme, allumant une autre cigarette, se jura, de toutes les forces de son âme, de trouver une vengeance qui fut digne de l'insulte qu'elle avait reçue.

***

Elle écrivait vite, seule dans son petit salon, assise devant un chiffonnier en marqueterie d'ivoire et d'ébène; elle riait comme lorsque l'on s'adresse à un être très aimé, auquel on décoche une malice noyée dans un flot de tendresses et l'on n'entendait, dans le petit salon, que le craquement doux et cadencé de la plume sur la feuille de papier.

Tout entière tendue vers ce qu'elle écrivait, elle ne put sentir que quelqu'un, soulevant la portière, était entré et se tenait devant elle.

Ce quelqu'un n'était pas la personne à laquelle elle s'adressait, puisque levant un moment sa jolie tête à la recherche d'une épithète plus joyeusement piquante pour l'ajouter aux autres, elle aperçut devant elle son mari qu'elle croyait sorti.

Elle poussa un cri de surprise et, inconsciemment, étendit sa main ouverte sur la feuille de papier couverte de son écriture...

— Ah c'est toi... tu m'as fait peur!

— Une autre fois je me ferai annoncer.

Cela fut dit sans colère, avec un calme parfait, mais la bouche souriait d'une ironie diabolique. Peu à peu ce sourire se transforma en un vrai rire, dont la tête secouée de haut en bas et de bas en haut, semblait marquer la mesure.

— Tu écrivais probablement au comte B.?... Qui écrit le mieux, lui ou toi? Ses lettres sont d'un tendre, d'un tendre!... Quelle grande passion! Et encore passion n'est pas le mot propre; il est trop doux. Il faudrait dire : sensualité, lascivité, luxure!... Des trois termes quel est le plus précis?...

La jeune femme était devenue pâle comme une morte; la plume tombée de ses mains, tachait les élégants feuillets de larges pâtés d'encre. Mais son mari s'était rapproché d'elle; tout en continuant de rire, il avait poussé une chaise près du petit bureau, s'était assis et lui caressait les cheveux amoureusement.

— Tu as peur? Mais de quoi? Crois-tu que je sois venu pour te faire une scène? pour te tuer peut-être, et me tuer ensuite... Non, non, je n'aime les scènes et les doubles suicides que dans les romans ou au théâtre, et à condition, encore, que l'auteur de la pièce ou du livre ait du talent... Mais pourquoi souillerais-je de ton sang ce beau tapis de Perse, pourquoi éclabousserais-je du mien l'élégant buvard sur lequel tu as écrit des mots d'amour? Ce serait vraiment péché, crime et surtout sottise. — Je ne suis venu que pour faire un marché avec ma douce et chère compagne...

Et il posa un long baiser sur les boucles blondes de sa nuque.

Il parut à la jeune femme que ce baiser la brulait comme un fer rouge. Elle redressa la tête et regarda son mari en face, stupéfaite, atterrée, avec des yeux vitreux.

Non, il n'avait certainement pas le regard d'un assassin. Il était plein de sérénité, de bonne humeur, parfaitement tranquille, et voulait faire une farce innocente, très innocente.

— Donne-moi une cigarette... Elle embaume, la fumée de tes cigarettes! Elles doivent être excellentes. C'est le comte B... qui te les a rapportées de Constantinople?

Comme elle ne répondait pas, il en prit une dans une coupe de bronze et l'alluma.

— Je disais donc que j'étais venu pour te proposer une affaire, un contrat de vente auquel nous gagnerons tous deux quelque chose... Regarde.

Et le mari tira lentement de la poche de son pardessus un paquet de lettres parfumées, liées d'un fil d'or.

— Hein! quel trésor! Le recueil complet de toutes les lettres que t'a écrites le comte B..! Il n'en manque pas une! La femme de chambre que tu as mise à la porte, la semaine dernière, m'en a fait cadeau. Elle me les a données pour rien. Il y en a cent trente!... Ecrites en trois mois!... Combien me donnes-tu de ce trésor!

Rassurée du coup sur les intentions peu homicides de son mari, la jeune femme le regarda en face, d'un œil plein de mépris et de cruauté. Elle n'avait plus peur, elle n'avait plus de remords. Elle aurait voulu, à ce moment, que les lettres fussent celles non pas d'un, mais de dix, de cent amants, et que toutes, l'une après l'autre, pussent le souffleter, lui cracher à la face...

Elle partit à rire avec lui.

— Bravo, bravissimo, tu es un homme d'esprit. Donne-moi un baiser.

Et ce baiser fut donné, reproduction fidèle de celui que, vingt siècles plus tôt, Jésus avait reçu de Judas.

— Je t'en donne cinquante louis.

— Oh! oh! oh!

Il fit entendre un long et bruyant éclat de rire.

— Mille francs, mille francs? Qu'est-ce qui te prend... J'en veux dix mille, pas un sou de plus, pas un sou de moins. Si non, j'en régale ton père, et pour rien. J'en garderai cependant quelques-unes, deux ou trois ; deux ou trois des plus polissonnes pour les publier dans les journaux. Ça va?

— Donne-les ! Je dirai que tu les a écrites toi-même, qu'elles sont apocryphes... Mon père m'estime assez...

— Hum ! ton père n'est pas un niais et l'écriture du comte n'est pas contrefaite !

— Je t'en donne cinq mille francs.

— Non, c'est trop peu. Il faut que je paie la modiste de Nini, et je veux faire un voyage à Paris.

— Trois cents louis.

— Non, j'ai dit : pas un sou de moins, pas un sou de plus.

— C'est bien je te donnerai dix mille francs. Passe les lettres ! Tu me jures qu'elles y sont toutes.

— Regarde les dates. La collection est complète. Elles ont été d'ailleurs numérotées par le comte, avec de l'encre rouge, peut-être avec son sang !

Et avec une belle risette :

— Quand tu m'apporteras les dix mille francs, je te remettrai les lettres... Pas avant.

. . . .

Le marché fut conclu, les lettres furent restituées, argent comptant.

Le mari a payé la note de la couturière de Nini, puis il est allé à Paris... il en est déjà revenu et vit toujours sous le même toit que sa femme à laquelle il espère, un jour ou l'autre, arracher un nouveau magot.

Et elle?

Elle a un nouvel amant à qui elle n'écrit jamais et dont elle ne veut pas recevoir de lettres. Quand il se plaint de cet étrange procédé, elle lui jette les bras autour du cou et, le baisant aux lèvres, lui di :

— Cela vaut mieux ainsi, mon chéri, un baiser de plus et une lettre de moins.

Et le mari attendra longtemps le moment où il découvrira un nouveau paquet de billets parfumés, liés d'un fil d'or, signés en toutes lettres et cotés d'un numéro d'ordre, tracé à l'encre rouge, peut-être avec du sang.

CHAPITRE X

LE PURGATOIRE

Peu d'époux vivent en enfer; très peu goûtent les joies élevées du paradis. Les plus nombreux restent à mi-chemin de l'un et de l'autre, en purgatoire, et traînent là une vie sans rédemption, c'est-à-dire sans espoir de monter au ciel, mais, aussi, sans crainte d'être livrés aux démons.

Après une lune de miel plus ou moins longue ils descendent, descendent sur la terre, tantôt passant à travers les orties et les ronces, tantôt suivant les allées fleuries des jardins, et y demeurent jusqu'à leur mort.

Décrire toutes les formes que revêt ce purgatoire conjugal et tous les accidents qui s'y produisent serait dépeindre le fond de l'humanité; il me suffira de retracer quelques scènes prises sur le vif pour que l'on puisse juger du reste.

***

Il est huit heures du matin et le mari, déjà, est éveillé depuis très longtemps. Elle dort si profondément, qu'elle semble savourer son sommeil. Il est demeuré tranquille et silencieux pendant plus d'une heure, lisant un journal, fumant une cigarette, regardant toujours sa femme dans la douce espérance qu'elle s'éveillerait elle-même... En vain.

Alors il tousse plusieurs fois, soupire sans besoin, secoue le lit... Toujours en vain.

L'attente est devenue impatience, l'impatience s'est changée en agitation continuelle, insupportable.

Enfin il a posé un baiser doux, suave, prolongé sur les lèvres de sa femme; elle s'est éveillée en sursaut, a ouvert des yeux épouvantés et s'écartant de lui qui, pour réponse, attendait un sourire ou un baiser :

— Tu m'as fait peur! Pourquoi me réveiller si brusquement?

— Je croyais qu'un baiser te ferait plaisir, j'espérais te réveiller sans secousse, lentement.

— Mais, tu le sais bien, tu le sais bien que, de tout temps, en m'éveillant de cette manière tu m'as fait beaucoup de mal, que tu me donnes des palpitations de cœur et qu'ensuite je suis malade toute la journée.

— J'étais éveillé depuis le lever du jour, et j'ai

eu la patience d'attendre deux heures ton réveil. Tu as dormi neuf heures...

— Et si j'avais voulu en dormir dix, y aurais-tu trouvé quelque chose à redire ? Tu ne te rappelles pas qu'hier toute la journée j'ai travaillé comme un chien, que j'ai reçu la blanchisseuse, que j'ai mis le salon en ordre, que j'ai couru les magasins pour t'acheter un bon gilet de flanelle? Tu ruines ma santé, tu me donneras une maladie de cœur avec ta mauvaise habitude de me réveiller en sursaut,

— Et comment faut-il t'éveiller? Dis-le moi.

— Si je pouvais t'apprendre à avoir quelques égards, si je pouvais te corriger de ton égoïsme, je le ferais bien volontiers... Tu ne penses qu'à toi seul.

Le ton de la conversation, de son côté, était passé de la mauvaise humeur à la rage rancunière, pleine de fiel concentré.

Lui souffrait, mais il espérait toujours une réconciliation...

Il tenta d'ausculter son cœur :

— Laisse-moi un peu voir si tu as vraiment des palpitations.

Elle lui tourna le dos, furieuse.

— Fiche-moi la paix ! Après m'avoir fait mal, tu voudrais plaisanter. Je te dis que tu me feras mourir.

Alors il se tourna lui aussi, murmurant en lui-même et méditant sur cette combinaison chimique binaire qu'on nomme un mariage.

***

— Dis, ma chérie, aujourd'hui je voudrais dîner une heure plus tôt que d'habitude.

— Et pourquoi ?

— Parce que j'ai peu mangé à déjeuner et que j'ai un appétit de poète.

— Et moi je n'ai pas faim, j'ai trop déjeuné.

— Mais outre l'appétit, j'ai une autre raison pour dîner plus tôt. J'ai promis à Jean, mon plus vieux, mon plus cher ami, d'aller lui serrer la main à la station, qu'il traversera en allant à Rome...

— Qui dit que ce n'est pas une Jeanne ?

— Veux-tu venir avec moi, à la gare, tu seras convaincue ?

— Dieu m'en garde ! je ne suis pas jalouse.

— Non, mais un peu plus ! Tu l'es sept jours de la semaine et sept fois par jour ; tu l'es toujours et toujours à tort.

— Mais je te dis que je te crois. Tu veux plaisanter !

— Donc nous dînerons à cinq heures et non pas à six.

— Pas possible. Annette a rapporté du marché une poule si vieille et si dure qu'il faudra s'y prendre de bonne heure pour la manger à sept.

— Eh bien ! nous ne mangerons pas la poule.

— Mais il n'y a pas autre chose ! Tu iras une autre fois serrer la main de ton Jean. Tiens... quand il reviendra de Rome.

— Mais, alors, il ne suivra pas le même chemin. Je sais qu'il doit s'en retourner par Civita-Vecchia et Gênes.

— En somme, mon gentil mari, on ne peut dîner à cinq heures.

— Voilà. Il suffit que je te demande quelque chose pour que tu éprouves mille et une difficultés à me satisfaire. C'est toujours la même chose, depuis notre mariage, et il en sera de même jusqu'à la fin des fins.

— Et toi, tu seras toujours le même homme, infaillible et entêté, qui veut toujours commander, même dans les choses d'intérieur, où pourtant la femme doit être la maîtresse...

— Là, là. A propos d'un repas à servir à cinq heures plutôt qu'à six, tu sors toutes tes rengaines... Je les sais par cœur.

— Parce que c'est toujours la même chose aussi! Parce que tu es incorrigible, parce que tu veux ce que tu veux, toujours, à tout propos; tu devrais t'occuper de la santé de ta femme et de tes enfants, mais tu aimes mieux courir le monde!

— Là, là, tu as raison! une poule dure te tuera. Pour l'amour de Dieu, ne faisons pas la querelleuse!

— Mais c'est toi le querelleur! Merci du compliment! si je suis querelleuse, tu es un égoïste et un insolent, et tu n'aurais pas dû te marier!

— Et toi, tu ne devais pas prendre un mari hargneux, brutal, insupportable!

— Continue, continue. Il n'y a pas encore d'autres adjectifs aimables, gentils, dignes de ta bouche délicate?

— Si, il y en a encore, et beaucoup. Tu es sotte, tu n'as pas le sens commun. D'un fil de soie faire un cable! En tout trouver prétexte pour me faire des scènes, pour me tourmenter, pour répandre ta bile sur tout ce que tu touches! Ce n'est pas possible, tu dois souffrir du foie. Je vais faire appeler le médecin, car certainement tu as la jaunisse.

— La jaunisse! c'est toi qui l'as, et pour te démontrer que de nous deux c'est toi le plus querelleur, je me tais, je te cède la place.

— Et moi aussi, je m'en vais, et je ne dinerai ici ni à cinq heures ni à six heures. Je dînerai au restaurant. Je n'entendrai plus tes insupportables criailleries sans cause, et je me reposerai, pendant une heure, de l'infinie douceur que tu répands sur les moments que nous passons ensemble.

Directeur d'une grande administration, de bon matin, il est assis, déjà, devant son bureau; c'est, en effet, samedi, et il doit arrêter ses comptes de la semaine et préparer la paye de ses ouvriers. Il est d'une humeur massacrante. Il a découvert, en effet, que son caissier le volait, que son contremaître était un âne, et beaucoup de clients se sont plaints de la mauvaise qualité des produits de la fabrique.

Les deux coudes sur son bureau, la tête dans les

mains, il regarde machinalement, sans la lire, une page chargée de chiffres, étalée devant lui.

Elle, au contraire, est d'humeur charmante; elle se sent bien; en se peignant, devant son miroir, elle s'est trouvée belle, très belle, puis son petit enfant s'est éveillé de meilleure heure que de coutume, il s'est assis, et, pour la première fois, a dit en souriant : « Maman. »

Ivre de joie, elle l'a pris dans ses bras, comme il était, dans sa blanche brassière, elle a couru jusqu'au cabinet de son mari et, ouvrant la porte sans frapper, sans s'informer s'il était seul, elle y a fait irruption bruyante, heureuse.

A peine avait-il eu le temps de lever les yeux qu'elle était déjà contre le bureau et avait assis sur un tas de papiers l'enfant auquel elle disait :

— Embrasse papa!

Papa aimait bien le petit ange, il aimait beaucoup la maman, mais en cet instant il détestait tout, tous, et lui-même par-dessus le marché. Que n'aurait-il pas donné à cette minute pour n'être pas maussade. Que n'aurait-il pas fait pour que la mère et l'enfant ne lui eussent pas, en venant le déranger, fourni l'occasion d'exhaler sa mauvaise humeur! Combien de combats féroces, muets, invisibles ne se livrent-ils pas en peu d'instants dans la cervelle d'un homme!

Il ne dit pas un mot, approcha rapidement ses lèvres de celles de l'enfant :

— Oui, oui, bravo, donne-moi un baiser et puis

va-t-en vite, j'ai beaucoup à travailler, j'ai le diable en tête et mille choses dans la cervelle. Oui, oui... comme ça... Adieu, adieu.

Et il repoussait la mère et l'enfant de ses deux mains nerveuses, irritées, menaçantes presque.

La pauvre maman ne s'attendait pas à pareil accueil et ne s'y résignait pas.

— Tu sais, en s'éveillant, Charlot, pour la première fois, a dit « maman. »

Le père se taisait, frémissant, furieux contre lui-même de ne pouvoir tirer de ses lèvres une seule parole affectueuse, de ses mains une seule caresse. Devant lui il voyait tout en noir, et dans la bouche avait tant de fiel que l'absinthe lui eut paru douce comme miel.

Etre mauvais dans un tel cadre de tendresse! Oh! pourquoi sa femme était-elle venue en ce moment? Pourquoi ne s'était-il pas enfermé à clef?

La maman ne s'avouait pas vaincue. Elle appuya ses lèvres sur le front plissé de son mari, mais lui ne fit pas monter ses lèvres jusqu'à la bouche de sa femme et baisa l'air froidement. Ce baiser était une insulte; il était à la fois et brutal et glacé.

Elle sentit monter à sa gorge une constriction qui se fondit en un sanglot.

— ..... Oui, oui, nous nous en allons... nous ne viendrons plus te déranger...

Lui se leva de son fauteuil, alla à la fenêtre, mais ne l'ouvrit pas. Il se passa la main dans les cheveux, grommelant entre ses dents :

— Bénies soient les femmes qui ne comprennent rien, qui entrent dans les cabinets de travail pour interrompre la besogne, qui vous obligent à être désagréable avec ce qu'on aime le plus... et qui se prétendent nos égales.

Et il continua seul son panégyrique de la femme, seul, parce que la mère et l'enfant s'étaient enfuis, pleurant tous deux, la maman parce qu'elle avait été mortellement blessée, en une seule fois, de deux coups de poignard : l'un, dans son cœur de mère, l'autre dans son cœur d'épouse. L'enfant, lui, criait, épouvanté de la scène cruelle dont il avait semblé sentir, s'il ne l'avait pas comprise, toute la pitoyable amertume.

Sanglots et cris durèrent longtemps et, à travers les murs qui fermaient son cabinet, firent une musique barbare avec les jurons d'impatience furieuse du directeur de l'usine.

— Tu sais, mon chéri, hier, au théâtre, le marquis de Bellavista est venu dans notre loge.

— Et pourquoi faire? Je ne savais pas qu'il fût à Florence.

— Cependant il y est.

— Hum?

— Je le croyais toujours à Naples, mais il nous a dit qu'en se rendant à Milan pour le Grand prix, il s'était arrêté deux jours à Florence; et, m'apercevant dans la loge, il s'est levé pour me saluer.

— J'espère que tu te seras montrée très raide avec lui pour qu'il ne soit pas repris de l'envie d'y revenir.

— Raide, non; froide, oui. Tu peux le demander à ta mère, qui a été tout le temps présente à notre conversation.

— Tu ne me feras pas croire que tu ne l'avais pas vu dans la journée, dehors, peut-être, ou, mieux encore, à la maison? Aujourd'hui, tu me dis l'avoir rencontré au théâtre, parce que cent autres me l'auraient raconté. Tu as voulu prendre les devants.

— Mais c'est une injure gratuite, injuste et cruelle! Je crois ne t'avoir pas donné le droit de douter de ma loyauté...

— De tous ceux qui te font la cour, aucun ne m'est suspect; mais pour le marquis, c'est une autre histoire....

..... Avant que tu m'épousasses, vous avez été très amoureux l'un de l'autre. Et les choses sont allées très loin puisque vous avez été fiancés, et que c'est seulement à la dernière heure que ton père a rompu le contrat, à la suite de renseignements détestables sur la conduite et le caractère de son futur gendre... Les premières amours laissent toujours un souvenir brûlant ..

— Non, mon amour, si j'avais aimé le marquis je n'aurais jamais épousé un autre que lui et je n'aurais pas cru aux accusations dont il était l'objet. J'aurais attendu d'être maîtresse absolue de moi-même, et je n'aurais pas donné ma main à un autre...

— Combien de temps le marquis est-il resté dans ta loge.

— Une heure environ.

— Parfait ! Une heure, seulement ! Trop peu pour un rendez-vous d'amour, trop pour une visite de politesse.

— Je ne pouvais pourtant pas le chasser !

— Quand les femmes le veulent, elles savent faire comprendre à un homme que sa visite est inopportune, inconvenante, et qu'il doit l'abréger autant que possible...

— Veux-tu m'apprendre comment il faut faire...

— Et vous avez parlé de votre ancien amour, du déchirement douloureux de votre séparation...

— Non. Nous n'avons parlé que de musique et de théâtre.

— Je veux bien le croire... Mais je sors pour savoir si le marquis est encore à Florence et combien de temps il y reste... Toi, pendant ce temps, si jamais il avait l'audace de venir ici, ne le reçois pas. Je le veux, je l'exige.

— Tu n'as pas besoin de commander ; je connais mon devoir...

— Pas toujours... une heure de visite dans la loge d'une femme qui fut votre fiancée, c'est une injure à son mari...

Elle qui était absolument innocente, se sentit vraiment offensée de tous les soupçons de son mari et tapota du pied le tapis, tout en tourmentant d'un coupe-papier un volume de Coppée, posé sur un guéridon. Puis prise de dégoût, réagissant contre l'injuste accusation, elle n'eut plus qu'une pensée fixe. Le marquis de Bellavista n'aurait jamais été si jaloux, si bêtement jaloux. Les libertins connaissent un peu mieux le cœur de la femme...

Le mari était sorti sans dire au revoir à sa femme, et de café en café, au cercle avec des amis rencontrés en chemin, il espionnait le marquis, suivant ses pas, essayant de pénétrer ses projets, se tracassant lui-même de cent façons plus absurdes l'une que l'autre.

***

— Veux-tu me permettre une observation, ma chérie?

Celui qui formule cette demande est un mari; il est encore au lit, et celle qui la reçoit est sa femme étendue à ses côtés, entre les mêmes draps, et encore toute ensommeillée.

— A quel propos! Je suis à peine éveillée?

— A propos de la romance française que tu as chantée hier soir hier soir chez la comtesse.

— Et qu'as-tu à dire?

— Tu as très mal prononcé les *u*; on aurait dit des *ou*.

— Tu n'as pas d'autre critique à faire?

— Non. Ne te mets pas en colère. Il n'y a pas que ton mari qui ait fait cette observation.

— Bravo, bravissimo, mille remerciements! Vrai, le moment est merveilleusement choisi pour me corriger d'une faute de prononciation française... Au lieu de me dire bonjour d'un baiser, d'une caresse ou d'un mot d'amour, le pion me sert une leçon de langue française... Me la donnes-tu à l'œil, ou bien dois-je te payer ton cachet.

— Là, là, ne monte pas sur tes grands chevaux pour une chose qui n'en vaut pas la peine. Tu es Toscane, et l' *u* dur est difficile à prononcer pour tes lèvres qui distillent le lait et le miel; mais une autre fois attention... ou je dirai que tu ne sais pas le français.

— Mais quel français, quel français! Dans l'emballement de la musique, dans le torrent des notes, je te demande un peu qui fait attention aux *u* ou aux *ou*... Et je ne dis pas même à une voyelle, mais aux paroles qu'on distingue à peine.

— Si, on y fait attention! D'abord les Français qui souffrent d'entendre écorcher leur langue, et puis les envieux, les méchants... Tiens, hier soir, toutes les fois que tu as eu à dire le mot *dur*, tu as prononcé *dour*. La marquise Vittoria souriait, en regardant sa sœur qui riait, ouvrant une bouche comme un four, pour se moquer de toi. Et ni l'une ni l'autre ne s'apercevait que dans la glace on voyait leurs singeries.

— Qui sait de quoi elles riaient... Je peux dire que j'ai été très applaudie; que tout le monde a loué ma voix et ma méthode de chant..

— Je conviens que tu chantes bien, mais je n'ignore pas que les applaudissements de la bonne société, s'accordent à tout le monde, surtout aux jolies femmes...

— Oui, mais à celles qui savent prononcer les *u*...

— Veux-tu tout savoir, toi qui te vexes de la plus légère observation que je te fais ?...

— Parle, si tu veux que je sache...

— Eh! bien ; le duc de Saint-Étienne, tandis qu'il t'applaudissait à grand fracas, se penchait vers sa cousine, et lui disait : « Oui, elle chante très bien, mais son timbre de voix est un peu *dour*. » Et son aimable cousine s'est voilé la face de son éventail pour dissimuler un éclat de rire homérique...

Ici la femme se mit en colère, pour de bon, et, furieuse, sauta hors du lit en criant :

— *Dur* ou *dour*, je me lève une heure plus tôt que d'habitude, parce que dans les deux cas je deviendrais enragée. Je passerai une belle journée grâce à toi... merci, mille fois merci, monsieur le professeur de français !

Pour comprendre la colère de cette femme, pourquoi de piquante la querelle était devenue tout à coup très amère, pourquoi les notes élevées s'étaient brusquement transformées en cris stridents, il faut savoir que la cousine du duc était, par sa position, par sa jeunesse, par sa beauté, la rivale directe de la femme qui prononçait les *u* comme des *ou*.

***

Ils sont à table : lui, elle et leurs quatre enfants, garçons et filles, de cinq à douze ans.

La maman sert tout le monde.

Le père assiste à la distribution d'une crème savoureuse et parfumée, et fronçant les sourcils, branle la tête à plusieurs reprises en signe de réprobation.

Cette mimique dure assez longtemps pour que la mère l'aperçoive, et, à son tour, posant sa cuiller, dit de mauvaise humeur :

— Quoi? Encore une observation?

— Oui, encore une! Mais qui ne porte sur rien de nouveau; elle s'est formulée petit à petit, jour par jour, à la collation, au déjeuner, au dîner... Si je ne l'ai pas faite plus tôt, c'est pour éviter une querelle, pour ne pas te déplaire; mais aujourd'hui la patience m'échappe.

— Laisse-la échapper, je la rattraperai.

— Un peu plus de justice ne serait pas hors de propos, surtout quand tu usurpes la place de Dieu et que tu distribues le bien et le mal avec tant d'autorité...

— Qu'as-tu à dire?

— J'ai à dire que tu sers d'abord les garçons et ensuite les filles, tandis qu'en tous pays, en tout temps, on a servi les femmes les premières.

Elle éclata de rire, à gorge déployée.

— Mais ici il n'y a que des enfants qui, pour moi, n'ont pas de sexe et que j'aime tous également... Aujourd'hui et d'autres jours j'ai servi d'abord Cuchino et Pierre qui étaient les plus rapprochés de moi. Quand Maria est ici, à la place de Cuchino je la sers toujours avant lui. Est-ce que je dois leur enseigner les règles de l'étiquette et de la hiérarchie dès le berceau ? Ce serait une vraie charge...

— Il ne s'agit pas de charge ici, mais de justice. Tu préfères toujours les garçons.

— Et toi les filles ! ça se vaut.

— Mais regarde autour de toi et lis ta propre condamnation dans les assiettes de nos enfants... Non seulement tu sers toujours les garçons les premiers, mais leurs parts sont plus grosses.

— J'y fais attention ! Ils sont plus âgés.

— Non, non, même en ne tenant pas compte de l'âge, tu es partiale !

— Mais puisqu'ils ne sont pas du même âge ni les uns ni les autres !

— Cela ne fait jamais qu'un ou deux ans de différence ? La vraie différence vient de ton injustice, de ta déplorable partialité !

— Fais-moi le plaisir de faire les parts à l'avenir. Ce sera pour moi une besogne de moins, pour toi une très agréable occupation et une merveilleuse occasion d'administrer la justice dans ta famille. A partir d'aujourd'hui je ne sers plus.

— Ni moi non plus.

Pour l'honneur des deux époux qui si subtilement discouraient de la justice distributive, je noterai qu'ils parlaient en allemand, langue que les enfants ne comprenaient pas. Pour cette fois, au moins, ils n'eurent pas l'occasion de s'apercevoir que le paradis est très éloigné de la majeure partie des familles, et que la justice humaine est souvent très injuste.

***

Le lecteur me saura gré de ne pas l'ennuyer plus longtemps en faisant défiler sous ses yeux d'autres esquisses prises dans le vrai purgatoire de la vie matrimoniale. L'enfer est terrible; au moins a-t-il pour soi les émotions dramatiques de tout ce qui est grand, sanglant ou horrible. Au contraire, le purgatoire est petit, mesquin, déplorablement vulgaire. Il ne connaît pas les bourrasques de l'Océan, mais est noyé sous un torrent de boue qui monte, millimètre par millimètre ; on n'y connaît pas la dent du tigre, mais les piqûres du moustique ; les griffes du lion, mais les morsures des punaises ; les folies ni les crimes, mais les sanglots cachés et les larmes muettes ; la perpétuelle démangeaison d'une gale qui guérit, fait croûte et que l'on déchire de nouveau ; l'exsudation herpétique d'humeurs malignes qui de la moelle des os filtrent peu à peu, à travers les tissus, jusqu'à la peau et y demeurent, visqueuses, fétides, contagieuses... Voilà le tableau séduisant, mais très sincère du purgatoire conjugal ; mieux vaut cent fois le purgatoire catholique, puisque, après un temps plus ou moins long, il mène au paradis, tandis que celui-là ne conduit qu'à la mort après une vie de tristesses.

CHAPITRE XI

LE PARADIS

Ils étaient seuls, assis sur le même sopha, enlacés l'un à l'autre, non pas dans une étreinte amoureuse, mais dans une admiration sereine et ingénue d'eux-mêmes.

Ils n'avaient pas de désirs, les ayant tous satisfaits. Mais ils n'étaient ni indifférents ni ennuyés, car la lumière de l'amour éclairait toujours leur ciel, aubes souriantes, crépuscules mélancoliques, nuit jamais. L'amour vrai, fidèle, ne connaît pas de ténèbres. Lorsque le soleil descend à l'Occident, pour les vrais amoureux s'allume un phare électrique à feux variables, qui comme un arc incandescent, sert de trait d'union entre le couchant et le levant.

Entr'ouvert sur ses genoux, un volume de Musset dormait d'un demi-sommeil, et, dans sa main droite, elle serrait la main gauche qu'il lui avait abandonnée. Elle avait lu à haute voix, bien des pages du grand poète comme elle seule savait lire, — dorant les vers immortels de l'accent passionné de ceux qui lisent en aimant, de ceux qui aiment en lisant. Pendant cette lecture inspirée, il s'était tu, mais elle avait perçu ses longs et profonds soupirs, et, à travers ses mains, elle avait senti courir, tumultueux, un frisson de félicité haute et parfaite.

Venant d'elle, allant vers lui, le courant disait en somme :

— Vois, comme c'est beau, mon adoré.

Et le contre-courant répondait :

— Merci, ma bien-aimée.

Tout à coup, sans avoir dit : « Je suis lasse », sans qu'il ait murmuré : « Arrête-toi », elle avait laissé tomber le livre sur ses genoux, et ils s'étaient regardés dans les yeux.

Ces bienheureux n'étaient plus qu'yeux, ouverts, largement ouverts pour boire toute la lumière qui émanait de leurs âmes; humides de larmes qui ne roulaient pas sur leurs joues, mais semblaient absorbées par une éponge invisible qui les portait jusqu'au cœur. Qui eut été présent eut perçu un double *tic-tac* à l'unisson, l'harmonie de deux notes, l'une grave, l'autre plus aiguë, la musique divine de deux âmes qui se parlent sans paroles.

Ses regards, à elle, doux, tendres, très suaves, paraissaient se fondre en rayon de paradis. Lui, ses yeux brillaient, ardents, illuminés, buvant l'ambroisie céleste que leur versaient les pupilles de la bien-aimée.

Frémissement du corps, molle étreinte des mains, flamme des yeux, s'accordaient harmoniquement avec le tic-tac des deux cœurs liés l'un à l'autre dans l'extase de deux existences qui sont unies ensemble par les pores de la peau, par les nerfs du cœur, les muscles de la volonté.

Était-ce volupté ?

Non, c'était béatitude.

Était-ce lascivité.

Encore moins, deux vies fondues en une seule.

Deux soupirs s'exhalèrent au même instant de leurs lèvres, puis une étincelle jaillit de leurs pupilles, et, en même temps, comme sur un signe, montèrent ces mots :

Oh ! comme tu es beau !

Oh ! comme tu es belle !

Ils étaient mariés depuis trois ans, et le plus léger nuage n'avait pas obscurci le ciel de leur bonheur.

Lorsque, dans les premiers mois de leur mariage, tirant de sa poitrine un profond soupir, elle avait dit :

— O Charles, mon Charles, comme nous sommes heureux !

Lui, comme saisi d'un mystérieux pressentiment, s'était écrié :

— Non, Thérèse, ne dis pas cela! Cela porte malheur! Quand Dieu voit un homme heureux, il estime qu'il est en contravention avec les lois humaines et divines, et lui lance la terrible menace qu'on lit partout en Angleterre contre ceux qui violent les règlements : *You will be prosecuted!* (Vous serez puni.) Imagine un peu, si, au lieu d'un homme heureux, il en trouvait deux! La peine serait double.

Souriante, elle rougit. Elle ne croyait pas à la jettature, mais elle obéit volontiers, et, pendant quelque temps, ne dit plus :

— Charles, comme nous sommes heureux!

Cela ne l'empêchait pas d'être heureuse. Un jour, pourtant, elle répéta l'heureuse exclamation dont elle sentait le besoin pour donner essor à la plénitude de son cœur.

Charles, de la main, lui ferma la bouche, mais, cette fois, elle résista et, comme par jeu, elle répéta dix fois le même mot, ajoutant :

— Tu verras qu'il ne nous arrivera rien de mauvais.

En fait, la félicité la plus complète continua de briller dans le ciel azuré des heureux époux.

Ils étaient deux, mais ils n'étaient qu'un et, quelquefois, en soupirant, s'étaient dit :

— Pourquoi ne sommes-nous pas trois?

En réalité, c'était toujours lui qui l'avait dit; et elle, alors, baissait la tête, rougissante, et soupirait :

— Tu as raison, Charles, notre bonheur est trop grand, trop grand, en vérité, pour deux créatures seules. Partagé entre trois il serait encore meilleur.

— Mais le troisième, Thérèse, il faudrait qu'il fût petit, tout petit, tiens, comme cela... et il ouvrit la main pour indiquer la taille que devrait mesurer ce troisième associé de leur bonheur.

Ce discours pourtant ne sembla pas être agréable à Thérèse, et, après un sourire forcé, elle embrassa Charles, en lui donnant une petite tape sur la joue, puis, honteuse, d'une voix entrecoupée, reprit :

— Tu sais bien, mon chéri, que ce n'est pas ma faute.

— Ce n'est la faute d'aucun de nous, je le sais. Nous nous aimons tant. Mais n'y pensons plus... On peut être heureux à deux.

A dater de ce jour, il ne fut plus question de cette troisième créature, qui aurait dû être longue d'une coudée et partager leur bonheur.

Mais ils y pensaient toujours, tous les deux.

Ce n'était pas un nuage qui couvrait leur soleil, mais une simple nuée qui l'embrumait.

Un jour, tandis qu'il écrivait dans son cabinet, elle entra, en coup de vent, comme si elle avait une chose urgente à lui dire; puis, tout à coup, au milieu de la pièce, elle s'arrêta, ne bougea plus.

— Qu'y a-t-il, Thérèse?

— J'ai une bonne, une délicieuse nouvelle à t'annoncer.

— Vrai?

Elle souriait et rougissait, et, à petits pas, timide, hésitante, comme si elle avait eu à confesser une faute, elle s'approcha du bureau, embrassa Charles et noya sa figure dans les cheveux de son mari.

Elle se taisait toujours et se cachait la face.

En vain voulait-il l'écarter pour lire sur son visage. Il croyait deviner, mais craignait de se tromper encore.

— Mais, chère, chère Thérèse, serait-ce vrai, vraiment vrai?

Alors, elle, dans un élan de courage, prit sa main et la posant sur son sein :

— Sens, Charles, nous sommes trois.

Il se leva brusquement, tremblant d'émotion et l'embrassa, la baisa cent fois sur les yeux, sur les joues, sur les cheveux, sur la bouche, partout, interrompant les baisers par des paroles, des soupirs, des sanglots de bonheur.

— Merci, oh! merci, ma chérie, mon adorée.

Ils continuèrent à être heureux et à le dire sans peur que Dieu ne se courrouçât, et que, les trouvant trop heureux, il ne murmurât à leur oreille :

— *You will be prosecuted.*

***

De huit jours ils ne s'étaient vus.

Pour la première fois — affaire très urgente — il avait dû la laisser seule.

Huit jours... huit siècles! Il lui avait écrit huit fois, elle onze, parce qu'un jour, qui lui semblait plus long que les autres, elle avait écrit trois fois, en trois langues différentes. La dernière lettre écrite le soir, et en anglais, terminait sur ces mots :

« Pourquoi est-ce que je ne sais pas sept langues? Je t'aurais écrit sept fois aujourd'hui, car la même chose dite en des langues différentes devient différente d'elle-même. Cela me permettrait de renouveler la joie de penser à toi. Je voudrais pouvoir te dire dans toutes les langues du monde que je t'aime... »

Enfin il avait télégraphié son arrivée, et, une heure avant le moment fixé, elle était à la station, arpentant de long en large le quai désert. Elle regardait sa montre, l'horloge de la station, et il lui semblait qu'elles fussent arrêtées tant les minutes lui paraissaient longues.

Avec son plus gracieux sourire elle s'était adressée à un employé.

— Le train de Gênes est-il en retard?

— Oui, de dix minutes.

Comme ces quatre mots lui avaient semblé durs!

Comme elle maudissait en son cœur les chemins de fer italiens, leurs mécaniciens, leurs directeurs et leurs actionnaires, qui, par négligence, lui imposaient dix minutes d'attente anxieuse...

Elle s'approcha du kiosque aux journaux et aux livres, mais ne les regarda pas... acheta des fleurs, mais n'en sentit pas le parfum. Elle fixait toujours son regard dans la direction de Gênes, tendait l'oreille, se mordait les lèvres, et le train n'arrivait jamais.

Un instant, mille terreurs envahirent sa pensée, au souvenir des dernières collisions, de tous leurs morts, de tous leurs blessés...

Elle n'osait plus s'adresser au même employé. Timide, presque craintive, elle en interrogea un autre, mais cette fois sans réussir à dessiner un sourire.

— Le train de Gênes est toujours en retard?

— Oui, de dix minutes; dans cinq minutes il sera là.

Peu à peu, un sifflet, un profond et sourd bruit de rails, une grande colonne de fumée, l'assourdissement des roues pesantes sous le hall de la station...

Elle courut d'un wagon à l'autre, impatiente, anxieuse; il n'était pas là... Les voyageurs descendaient en foule... mais il n'était pas du nombre.

Son cœur battait fort, fort. Ne sachant plus ce qu'elle faisait, elle tourna le dos au train et se dirigea vers le chef de gare, sans savoir quoi lui demander.

Mais elle n'eut pas besoin de s'adresser à lui,

car elle se sentit tout à coup embrassée, serrée entre deux bras bien aimants.

C'etait lui, c'était Charles...

Ses huit jours d'agonie, ses soixante-dix minutes d'inquiétude, tout était oublié, submergé sous une mer d'infinie douceur.

Ils ne se dirent pas un mot jusqu'au moment où ils furent installés dans la voiture qui les ramenait chez eux, puis tandis qu'elle courait vers leur maison, vers leur nid béni, le baisant à pleine bouche cent fois, cent fois encore, elle lui dit :

— Tu sais, je t'aime beaucoup plus que tu ne m'aimes...

— Et pourquoi ?

— Parce que je t'ai écrit onze fois et que tu ne m'as écrit que huit fois seulement.

— Eh bien, une autre fois, je t'écrirai vingt lettres...

— Non, non. Je ne veux plus que tu m'écrives jamais une lettre. Une autre fois, si tu me le permets, j'irai avec toi... Je ne veux plus me séparer de toi, je ne le peux pas...

Ils étaient à table, à l'heure accoutumée, calmes, heureux, sans autres convives qu'eux-mêmes. Ils ne se plaçaient jamais face à face, mais toujours s'asseyaient à côté l'un de l'autre, car, même en dinant, ils éprouvaient le besoin de se caresser et de se donner des baisers.

Vers le milieu du repas, comme si ces paroles quelque temps retenues eussent été lancées par un ressort interne et invisible, elle s'écria :

— Tu sais, le lieutenant B... est encore venu me rendre visite aujourd'hui, vers cinq heures...

— Eh bien?

— C'est la troisième fois cette semaine.

— Et alors?...

— Et alors... il vient toujours à l'heure où tu es au bureau...

— C'est qu'il n'est pas libre à un autre moment.

— Tiens, Paul, tu prends tout avec trop d'indifférence. Il me semble que, cette fois, tu devrais t'inquiéter un peu plus...

— Mais que te dit le lieutenant?

— Tu dois bien penser qu'il ne m'a jamais manqué de respect... Mais quand il y a d'autres visiteurs, il me regarde avec trop d'insistance, il me dit des galanteries très innocentes, mais sur un ton trop ardent...

— Le lieutenant B... est mon ami. C'est un parfait gentleman. Il est arrivé de Modène depuis peu et ne connaît personne ici. Il est naturel qu'il rende visite à la femme d'un ancien condisciple et ami.

— En somme, il te plaît qu'il vienne, trois fois par semaine, me rendre visite et s'attarde plus d'une heure à me regarder et à me dire que je suis belle...

— Je ne crois pas qu'il soit allé si loin. De toute façon, je le prierai de venir le soir, quand je serai là.

— Non. Ce serait lui témoigner une défiance qu'il ne mérite pas... Je lui ferai dire une ou deux fois par la bonne que je suis sortie et, comme cela, il changera l'heure de ses visites.

— Fais comme tu veux, mon ange; et moi je ferai ce que tu désires pour te tranquilliser sur le compte du galant lieutenant. Mais serais-tu plus royaliste que le roi? T'inquiéterais-tu quand je ne m'inquiète pas ?

— Mais, mon Paul, il me déplait que tu ne t'inquiètes pas... Ce n'est pas seulement pour le lieutenant que je parle, c'est pour tous ceux qui, au théâtre, à la maison, dans leurs conversations, me trouvent belle et me le disent, et me font la cour... En somme, dois-je te le dire, mon Paul? Je voudrais que tu fusses un peu jaloux de moi.

Là-dessus, Paul laissa choir dans son assiette fourchette et couteau et, se renversant en arrière, rit à gorge déployée, avec un tel accent de joie sincère, bruyante, qu'elle-même éclata de rire.

— Cent femmes se plaignent de la jalousie de leur mari, et en voici une qui se plaint qu'il ne soit pas jaloux.

— Mon Paul, ne ris pas. Cette indifférence me ferait croire que cela t'est égal, qu'il t'importe peu qu'un autre me fasse la cour; c'est humiliant pour moi...

— Chère chérie, mon trésor aimé, pour te faire plaisir, je serai jaloux.

— Un tout petit peu, mais pas trop...

— Un tout petit peu... mais combien. Un doigt, deux doigts, un demi-mètre?

— Ne te moques pas de moi. Tu sais combien je t'aime, tu sais que tu es ma vie, que sans toi je mourrais. Tout cela vient d'une source unique, de l'immense amour que j'ai pour toi... Tiens, moi, je suis jalouse de toi...

— Et moi, je ne suis pas jaloux, parce que je t'estime trop pour l'être, parce qu'il me semblerait t'offenser en doutant de toi... La femme se défend toujours toute seule, elle n'a pas besoin d'aide pour cela, et, quand elle a un mari qu'elle aime et qu'elle estime, elle le tient au courant des attaques, des menaces ou des galanteries... Alors ils défendent ensemble leur honneur, leur bonheur commun.

— Oui, cher, cher trésor, tu as toutes les raisons du monde... mais pour me faire plaisir, sois un peu jaloux.

— Oui, ma chérie, mais tu m'apprendras toi-même, le moyen de le devenir.

Les heureux époux interrompirent le repas pour tomber dans les bras l'un de l'autre et conclure la paix après une si petite guerre.

Il avait arraché le fichu qui couvrait ses épaules et,après les avoir couvertes d'un collier de baisers:

— Vois, ma Nina, je suis jaloux de ce fichu qui

tout le jour baise tes épaules, et je prends sa place... Tu vois que je commence à obéir, et que je prends la première leçon de jalousie.

***

Ils étaient accoudés tous deux à l'appui d'un balcon qui donnait sur la mer. C'était au crépuscule, et les étoiles scintillaient déjà dans un ciel qui n'était plus d'azur et, pourtant, n'était pas encore d'encre.

De bruits, nul autre que celui de la brise jouant dans les feuilles des palmiers, que le lointain clapotement de la mer qui baisait la plage.

Ils ne parlaient pas, mais le bras de l'un se liait à celui de l'autre, et leurs mains en disaient plus que n'eussent fait les lèvres.

Un parfum de jasmin pénétrant, voluptueux, montait du jardin et les grisait. Ils étaient heureux.

Elle rompit un long silence.

— Mon chéri, quand tu regardes le ciel, quand tu contemples la mer, tu ne crois pas en Dieu? tu ne crois pas à une autre vie?

Il ne répondit pas; cependant il soupira et serra sa main plus fort.

— Mais, enfin, d'après ce que je me suis laissé dire, il me semble que cette négation de tout ce que la raison ne peut entendre est tout simplement l'effet d'un bel orgueil...

Lui se taisant toujours, répondit d'une autre poignée de main longue, tendre et très chaude.

— Les fourmis aussi naissent, vivent et meurent sans connaître l'homme et sans le comprendre. Cependant l'homme existe..... Pourquoi ne serions-nous pas les fourmis d'une autre créature plus homme, plus ange, plus Dieu que nous.

Il continua de se taire. Sa main seule parlait avec une tendresse croissante.

— Mais parle, mon trésor, réponds-moi quelque chose.

Ce mot descella ses lèvres obstinément closes.

— Mais je t'ai déjà répondu par le mot divin du docteur Faust à la Marguerite de Gœthe.

— Selon toi, ce sont paroles divines, mais,à moi, elles ne me plaisent pas beaucoup. Faust répond par un point d'interrogation au point d'interrogation qui lui est posé. C'est la réponse de la sybille antique.

— Et de quelle autre façon, l'homme peut-il résoudre le problème de l'être et du non-être, du principe et de la fin des choses? Une réponse dogmatique peut offenser la raison, et croire ce que je ne comprends pas, m'abaisse...

— L'orgueil, l'orgueil, toujours l'orgueil!... Il empoisonne votre science moderne.

— La superstition empeste votre foi!

— Non, mon amour, je ne veux pas t'imposer ma foi; mais crois en quelque chose, fais-toi une foi pour toi seul... mais ne me dis point que Dieu n'existe pas, ne me dis point que nous ne vivrons pas après la mort.

— Oui, mon trésor, c'est aussi ma croyance... Donne-moi un baiser.

Et ils se baisèrent si longuement, si ardemment, que leur baiser, en ce moment, fut le seul bruit que l'on entendit dans le redoublement du silence.

— Oui, je crois en ton amour, je crois en le bonheur que tu me donnes; je crois aussi, si tu le veux, qu'en ce moment nos âmes sont montées, du fond de notre cœur, jusqu'à nos lèvres et se sont fondues, pour un instant, dans une extase de volupté suprême.

— Et alors, ces pauvres âmes devraient mourir avec les corps qui les enferment?

— Qui sait?

— Mais alors tu doutes aussi de ton doute?

— Comprends-moi bien, ma chérie, c'est une confession que j'ai à te faire, mais n'en parle à âme qui vive, parce que les hommes riraient de moi. Pour eux, la suprême sagesse, c'est de ne pas changer d'opinion, de ne jamais revenir sur ses pas, même quand la nature change chaque jour, et même quand le progrès est la négation d'hier... Avant de te connaître et de t'aimer, je ne croyais à rien; mais aujourd'hui, l'idée que nous ne nous retrouverons pas dans le ciel m'est insupportable, et j'espère...

— Mon trésor, si tu espères, tu es au milieu de la route qui conduit à la foi...

— Et pour toi, et avec toi, qui sait si je n'y arriverai pas un jour... Aujourd'hui, laisse-moi à mi-côte.

Elle lui lia les bras autour du cou et de nouveau lui donna un baiser, plus long que le premier.

Le baiser, cette fois, ne fit pas de bruit et dans le redoublement du silence de la nuit on n'entendit que la brise bruissant à travers les feuilles de palmiers, et le flot se brisant sur la plage.

DEUXIÈME PARTIE

DU CHOIX D'UN MARI

Aux trop impatientes,

Aux trop exigeantes,

Aux trop positives qui sont persuadées que l'argent et un titre suffisent au bonheur d'un ménage,

Aux trop poétiques qui sont convaincues que l'amour l'assure :

Je dédie ce nouveau livre,

Afin que toutes apprennent en le lisant que si le mariage peut procurer le plus grand des bonheurs, il est aussi la plus instable des combinaisons chimiques, le plus délicat, le plus compliqué, le plus fragile des mécanismes.

LE MANUSCRIT D'UN PÈRE

CONSEILS D'UN PÈRE A SA FILLE

SUR LE CHOIX D'UN MARI

Ma fille adorée, tu seras seule lorsque tu liras ces pages sur lesquelles tu laisseras, peut-être, tomber quelques larmes. Moi-même, je les ai écrites dans la solitude, en pleurant, car je pensais à toi.

Dieu veuille que tu n'aies pas à les lire ! Je voudrais pouvoir dire que j'ai vécu assez longtemps pour te voir épouse heureuse ; je voudrais pouvoir dire que je t'ai donné ces conseils de vive voix.

Mais je suis médecin et me sais atteint d'une maladie qui ne pardonne pas. Je peux, d'un moment à l'autre, disparaître de ce monde, et je veux que ma voix me survive, qu'elle te soutienne à l'heure la plus grave de ta vie, quand tu auras à choisir celui qui doit être ton inséparable compagnon, le père de tes enfants.

Promets-moi de ne pas engager ta parole avant d'avoir lu trois fois ces pages, à une semaine d'intervalle.

***

L'amoureux est d'or, tant qu'on ne lui a pas dit oui; d'argent, après : de cuivre, lorsque de prétendant il est devenu mari.

***

Voilà ce que valent la plupart des hommes.

Il en est cependant quelques-uns d'élite, qui sont d'or d'abord et d'or ensuite. C'est à toi, ma fille, de trouver l'un de ceux-là.

***

Parmi les hommes, très nombreux, dont le métal change de nature au cours des diverses phases de leur carrière amoureuse, il en est quelques-uns dont la matière est toujours vile. Cuivre doré d'abord, puis ruolz, enfin plomb.

***

Pour reconnaître cette fausse monnaie, je n'ai pas de conseil spécial à te donner; tu possèdes, ma fille, un cœur d'or et un esprit d'observation aiguisé. Toute femme, si elle n'est pas absolument stupide, porte en soi la pierre de touche qui lui permet de distinguer l'or du cuivre, l'argent du plomb.

***

Un objet, même bien doré, s'use aux angles et finit par montrer à nu le métal vil dont il est fait.

Le temps use aussi l'hypocrisie; fie-toi à lui

comme au plus sûr délateur de toute falsification.

L'angle sur lequel l'hypocrisie s'use le plus vite, c'est la vanité. Observe-le sans cesse et tu discerneras toujours le vrai du faux.

Montre-toi indifférente aux plus chaudes déclarations. Si l'amour-propre du prétendant est plus fort que son amour, il se refroidira. Si, au contraire, l'amour est plus fort que l'orgueil, il s'enamourera davantage.

Les maris se divisent tous, tant qu'ils soient, en deux grandes catégories; les bons et les mauvais.

Les bons sont tous de même. Ils aiment leur femme par-dessus tout, ils l'aiment plus qu'eux-mêmes et leur première pensée est de la rendre heureuse.

Ils recherchent la richesse, les honneurs, la gloire même, mais toujours pour en tresser une couronne qu'ils posent sur la tête de la femme aimée.

Ils ne commandent, ni n'obéissent, parce qu'ils ne se sentent ni supérieurs ni inférieurs à leur femme, mais égaux. Ils discutent avec elle les grands et les petits problèmes de la vie, et tous deux finissent toujours par en venir à la même conclusion. Ils ont toujours, sur leur bureau, dans leur poche, partout, un talisman unique pour renfermer leurs secrets, pour raffermir leur décision : ce talisman est un baiser.

Ces maris ne peuvent s'empêcher de rire lorsqu'on leur parle de lune de miel. Dans le ciel de leur union ils n'ont jamais vu ni lune de miel ni lune de fiel. Sur leur tête brille toujours le soleil; un soleil qui ne brûle pas mais réchauffe, n'éblouit pas mais illumine, un soleil qui ne se couche jamais.

***

En somme, ma chère fille, tu n'attends pas de moi une description plus étendue des bons maris. En un mot, digne de M. de la Palisse, mais d'une absolue vérité; les bons maris sont ceux qui rendent leur femme heureuse en se rendant heureux eux-mêmes.

***

Les mauvais maris sont le plus grand nombre; ils appartiennent à des espèces nombreuses et variées.

Voici les principales :

Mari tyran.

Mari faible.

Mari jaloux.

Mari grincheux.

Mari avare.

Mari libertin.

Mari stupide.

Mari oisif, etc., etc., etc.

LE MARI TYRAN

En Europe, du moins, nous ne rencontrons plus, sinon sur la scène, le type du tyran de l'antiquité, sauvage couronné par la stupidité du troupeau humain, et qui, d'un froncement de sourcil, faisait tomber les têtes, torturer les membres, brûler les villages.

Le tyran classique est une espèce ensevelie dans les archives de l'histoire, à peu près comme les mastodontes et les mégathériums. Il n'y a pas, en effet, que la seule écorce du globe qui ait ses fossiles; l'histoire de l'humanité en possède beaucoup plus et dans l'avenir en sera plus riche encore.

De même que nos ours, nos tigres, nos tatous modernes sont des réductions Collet de leurs pères de la paléontologie; de même le tyran antique a disparu de la face du monde laissant pour héritiers au soixante-quatrième degré une foule infinie de tyranneaux qui ne portent plus couronne, sceptre, ni cimeterre, mais exercent leur tyrannie en fronçant le sourcil, en grossissant la voix, en s'appuyant sur toutes les armes légales et légères de notre civilisation brillante et parfumée.

Les tyrans naissent comment naissent les blonds

ou les bruns ; et qui a le malheur de venir au monde ainsi fait, doit exercer sa tyrannie à quelque degré de l'échelle sociale qu'il soit né, quelle que soit l'éducation qu'il ait reçue.

Soldat, comme caporal ou comme colonel, il sera tyran, et la discipline militaire sera la patente officielle qui lui permettra d'exercer sa tyrannie. L'oubli d'un salut, le mauvais astiquage d'un bouton, l'accent un peu vibrant d'une réponse, lui seront motifs faciles et suffisants pour satisfaire ce vice de son âme.

Sous-chef de bureau ou chef de division, huissier ou ministre, le petit tyran moderne aura toujours sous ses ordres quelqu'un qu'il pourra cingler à volonté, de sa cravache, à qui par habitude tyrannique il pourra donner le coup de pied de l'âne.

Industriel il aura des ouvriers, négociant, des commis, prote d'imprimerie, des typographes, directeur de revue, des collaborateurs, éditeur, des auteurs, impresario, des acteurs et des danseuses.

Le tyran étant donné, la matière à victimer ne manque pas ; les victimes ne font pas défaut, parce que partout et toujours les moutons sont en plus grand nombre que les bergers.

Cependant la tyrannie la plus commune, celle à laquelle peuvent se livrer tous les bipèdes sans plumes de la terre, qui se peut satisfaire impunément, quotidiennement, à chacune des douze heures du jour, à chacune des douze heures de la nuit, est celle dont le mari accable sa femme.

Tyrannie avilissante, parce qu'elle est exercée par une créature forte sur une créature faible; tyrannie lâche parce qu'elle n'exige ni courage, ni intelligence, ni culture; tyrannie stupide, parce qu'elle n'est punie par aucune loi, mais par la nature.

Qui sème la tyrannie dans sa maison récolte des cornes chez lui et hors de chez lui; il change le miel en fiel, et ne mérite ni compassion, ni pardon, et encore moins les circonstances atténuantes que, pourtant, les avocats savent dénicher pour les plus grandes iniquités, pour les crimes les plus atroces.

Cependant, beaucoup de maris sont des tyrans quoiqu'ils aiment leur femme, et, en dehors de cela, se montrent parfaits gentilhommes, citoyens irréprochables, pères exemplaires.

Ils éprouvent impérieusement, incessamment, inéluctablement le besoin de faire sentir avec autorité à leur compagne (je dirais presque à leur esclave) qu'ils sont seuls les maîtres de la maison, que toute puissance leur appartient, qu'ils ont le droit intégral de commander, qu'ils possèdent l'absolu discernement du bien et du mal.

Des pronoms ils ne connaissent que le *Je* et le *mien;* ils ignorent du tout au tout le *Tu* et le *Tien*. Ils disent toujours *ma* maison, *ma* puissance, *ma* fortune, *ma* volonté, *mon* opinion, *mon* désir.

Ils ignorent absolument les tendresses cachées, les ineffables délices, les intimes complaisances du *notre*, nid dans lequel la femme aimerait à se blottir, à s'étirer, à se cacher pour y savourer la tiédeur de la vie commune.

Pour le tyranneau domestique, rien n'est *notre*, tout est *mien*. *Mienne* est la pensée, *mien* le jugement, *mienne* l'espérance, *mienne* la richesse. *Notre* est une infraction à la discipline du mariage, une usurpation des droits légitimes, une révolte du sujet contre le despote.

De la révoltée il est seul, tout à la fois, le juge, l'accusateur, le gendarme, le bourreau.

L'assassin a ses avocats, la femme n'en peut et n'en doit pas avoir. L'infaillibilité du mari dans les affaires domestiques, grandes ou petites, est un dogme indiscutable, sacré comme l'infaillibilité du pape.

Dans ces formes de la tyrannie, l'injustice, la prépotence, le caprice, revêtent des airs de pygmées associant l'absurde au ridicule, le prétentieux au grotesque.

Ou la femme se révolte, ou bien elle se tait; le second cas est pire que le premier.

Si la femme se révolte et se montre plus forte que son tyran, le mari est vaincu et nous trouvons plus bas que le despotisme viril : la tyrannie féminine.

Si les forces s'équilibrent, rapprochant victoires et défaites, c'est la guerre en permanence, autrement dit l'enfer dans la maison.

Si la femme se tait, par faiblesse ou par hypocrisie, elle distille dans l'alambic de son cœur, dans le secret de l'alcôve des larmes amères qui labourent l'âme et sèment la vengeance; tantôt féroce et cruelle, tantôt lente et méditée.

Combien de fois une femme, qui serait morte innocente et pure, a déshonoré son mari dans sa soif de vengeance et, en une heure de volupté coupable peut-être feinte, a murmuré ce mot féroce, lancé vers une adresse connue :

— Prends-en ce qui te revient!

Mais il est si facile de commander d'accord avec la justice, la raison, et sans jamais faire sentir le poids de sa propre autorité.

Mari et femme doivent toujours discuter, délibérer ensemble, et sans que l'un ou l'autre obéisse ou commande.

Dans les questions de peu d'importance, enfin, dans celles où le oui et le non sont assez voisins pour se toucher et presque se confondre, l'homme montre sa supériorité en cédant toujours à sa femme, qui, parce qu'elle est femme, a déjà de trop nombreux sujets d'humiliation et de douleur dans la vie sociale.

Ma douce fille, si tu veux éviter de prendre un mari tyran, étudie à fond les instincts, les habitudes de ton fiancé.

Je t'ai dit déjà que l'on naît tyran, et si bien qu'il dissimule, tu pourras découvrir aisément dans l'éclat impétueux de sa voix, dans ses goûts, dans ses habitudes, sa tendance au despotisme.

Je connais une femme, véritablement angélique; déjà fiancée à un jeune homme, qui paraissait devoir la rendre heureuse, elle dégagea tout à coup sa parole, parce qu'un jour le tyranneau avait voulu, sans aucune raison sérieuse, l'empêcher de rendre visite à une amie.

Le lion avait montré sa griffe, et la jeune fille, l'ayant aperçue à temps, pourvut sagement à son propre bonheur. L'avenir lui a donné raison.

LE MARI FAIBLE

Le mari faible est un homme d'un sexe incertain ; chez lui, si le corps est mâle, l'âme est femelle; c'est une des nombreuses erreurs de la nature lorsqu'elle met les choses en place, une de ces « coquilles » pour lesquelles il n'y a pas de correcteur qui vaille.

Le mari faible a quelquefois le poing solide et la pensée forte, mais quand il s'agit de faire concorder ces deux énergies, elle ne répondent pas à l'appel. On presse le bouton électrique de la volonté, mais la sonnette ne tinte pas.

Je ne parle pas du poing, puisque j'écris pour

des gens bien élevés et dont le poing ne se ferme que pour battre la charge sur une table : par exemple : pour ajouter un point d'exclamation à une phrase énergique, à un *Dieu me damne!* ou à un *Dieu me pardonne!*

Je m'en tiendrai donc à la pensée qui pense, mais dont, lorsqu'elle doit se traduire par une volonté, le traducteur se gratte le front, regarde dans le vide, branle la tête, hésite, doute, oscille, et, après une longue hésitation, se décide... à ne pas se décider.

Dans l'espace de temps qui s'écoule entre la production de la pensée et l'action de la volonté qui balance, survient toujours une troisième personne qui pour nous, veut, décide, puis impose sa propre volonté, sa propre décision.

Voilà donc l'homme faible qui finit, à force de défaites, par perdre son estime personnelle et qui devient un objet de compassion pour tous et spécialement pour les femmes; car, bien qu'elles se disent nos égales en droits (mais non en devoirs), elles veulent, cependant, trouver dans l'homme un appui robuste sur lequel elles se puisent reposer en toute confiance et sécurité.

Pour la femme, rien n'est plus méprisable en l'homme que la faiblesse. Elles peuvent pardonner celle du corps, mais la faiblesse de l'âme, jamais. Cela est si vrai, que les bandits les plus féroces ont toujours eu des maîtresses passionnées, que les hommes de génie, même vieux, ont toujours rencontré des femmes qui les aimaient; mais que les lâches et les hésitants ont toujours été ou méprisés ou plaints.

Tout cela est juste; les lois de la nature veulent être respectées et nul ne les viole impunément.

Lorsque, dans un ménage, l'ordre des facteurs est interverti et que la femme est plus forte que l'homme, elle en use comme d'un instrument commode et bon à tout faire, mais dans son cœur, le prend en pitié et le méprise; pendant ce temps elle cherche un autre homme, qui soit un homme, auquel elle se puisse donner corps et âme, dont l'amour la rende fière et l'enorgueillisse.

La femme supérieure se sent humiliée de trouver l'homme inférieur à elle-même et le traite, dans les cas les plus favorables, comme on traite les enfants: avec pitié, avec toutes sortes d'égards, comme une créature qui a besoin de protection et d'indulgence.

La femme, quand un homme qui l'aime l'étreint en ses bras, veut lever les yeux pour trouver son regard, être obligée de se dresser sur la pointe des pieds pour lui donner un baiser. Dieu l'a faite d'une stature plus petite que la nôtre afin qu'elle pût regarder d'en bas. Alors ses yeux deviennent de toute beauté, ses lèvres s'entr'ouvent, telles le calice des fleurs qui boivent la rosée du matin, et elle s'écrie, heureuse et fière :

— Comme tu es grand!

Si, au contraire, c'est elle qui doit abaisser son

regard, ses yeux deviennent petits, de superbes paraissent s'emplir de confusion; ils expriment la protection et non l'admiration, la tendresse, peut-être, mais non l'orgueil; et si elle ne dit pas : « Oh! comme tu es petit! » c'est parce qu'elle est bonne et cache sa compassion, de crainte de nous rendre encore plus nains que nous ne sommes.

Mais si elle ne le dit pas, elle le pense et cette pensée tarit toutes les plus hautes aspirations de l'idéal féminin, les enthousiasmes tout-puissants, les extases les plus chers de la vie à deux.

Le musée de la faiblesse est extrêmement riche et renferme une collection infinie d'insectes menus, laids, souvent difformes, de larves rampantes et quasi invisibles; toute une collection de prurits sans douleur, d'avortons sans vie, d'intentions sans énergie; tout un limbe de fantômes de volonté, de repentirs sans efforts, de péchés sans punition, de contradictions, d'oscillations, de paralysies de la pensée.

Madame n'est pas encore levée et déjà elle songe à faire plaisir à monsieur; elle lui dépêche donc sa femme de chambre pour lui demander s'il ne lui serait pas agréable de recevoir à dîner un ami rencontré la veille, retour d'un long voyage, et qu'il aime beaucoup. C'est une de ces prévenances qui germent chaque jour, à chaque heure, dans l'âme pleine de délicatesse de nos compagnes.

Il répond aussitôt par un sourire de complaisance, parce qu'elle a pensé à lui, mais des lèvres ne répond que beaucoup plus tard. Sa réponse est un oui, mais incertain, douteux, comme un point d'interrogation.

La femme de chambre n'est pas encore arrivée à la porte qu'il se lève et lui dit :

— Attendez, attendez, j'irai tout à l'heure porter, moi-même, la réponse à madame...

La réponse est un autre point d'interrogation accompagné d'une procession de *si* et de *mais*. Peut-être l'ami n'acceptera-t-il pas l'invitation... Il doit passer les premiers jours qui suivent son retour dans sa famille, régler beaucoup d'affaires importantes qu'il a laissées en suspens avant son départ... Attendons un autre jour, qu'en penses-tu?...

— Mais, je ne pense rien. Je désirais l'inviter pour te faire plaisir...

— Oui, ma chère, ce serait une gentillesse exquise, mais pourtant...

— Tiens, voilà tes incertitudes habituelles qui recommencent pour un rien, pour savoir s'il faut inviter un ami à dîner... Tu feras ce que tu voudras, je m'en lave les mains.

Pendant toute la journée, le mari ne fait rien de rien, mais, vers le soir, il se décide à penser que peut-être sa femme avait raison et que l'ami eût été très heureux de cette invitation.

Une autre fois, il s'agit de choses bien plus graves.

La femme est très belle et jeune et sur ses pas, semés de désirs, des étincelles s'allument.

Un ami de la maison paraît avoir rassemblé en un faisceau tous ces désirs; toutes ces étincelles paraissent être tombées sur lui. Des regards qui embrasent, il est passé trop tôt aux œillades qui demandent, aux paroles qui implorent... La jeune femme, qui est honnête, en avertit son mari et fait appel à son concours pour se défendre.

Il lui donne raison, s'en préoccupe et promet son intervention, diplomatique d'abord, énergique s'il est nécessaire.

Mais après avoir longuement délibéré sur ce qu'il doit faire, il décide qu'il le fera demain. Le lendemain vient trop tôt. Le mari modifie son plan de défense et d'attaque. Il n'avait pas tout prévu, ni pensé à tout. Le jour suivant il se défendra et attaquera. C'est sûr.

Puis le jour suivant est venu. Il entre dans le salon au moment où son ami est seul avec sa femme. Il est bien décidé à parler, à agir... Mais il sort comme il est entré, sans avoir rien dit, sans avoir rien fait. Les jours et les semaines passent ainsi. La jeune femme ne se plaint plus à son mari de la trop grande assiduité de l'ami. Le mari diffère toujours, et toujours modifie son plan d'attaque et de défense.

Et la femme, pendant tout ce temps, ne tomberait pas?

***

Les deux époux ont le malheur d'avoir un fils n'ayant pas encore l'âge d'homme; déjà pervers et corrompu, avec une habile hypocrisie il a su se montrer toujours correct à la maison; mais un ami a révélé aux parents la conduite bien différente qu'il tient au dehors...

Le père pâlit, soupire, la mère pleure, et puis :

— J'espère que tu auras cette fois le courage de faire ton devoir de père, que tu sauras être fort, que tu gronderas ton fils, que tu lui feras sentir notre indignation, toute notre douleur... Sois homme, pour l'amour de Dieu!

La brave dame, religieuse dans l'âme, n'a jamais invoqué vainement le nom de Dieu.

Pour qu'elle l'ait fait dans un pareil moment son émotion devait être bien forte. — Peut-être espérait-elle que son énergie serait contagieuse et passerait dans l'âme flasque et molle de son mari.

Mais celui-ci, essuyant une larme, ne sait que répondre par un : « Qui l'eût dit ! »

— Mais, à présent, il convient de prendre des mesures... s'il en est temps encore.

— Certainement, certainement.

— Et que penses-tu faire ?

— J'y penserai, je réfléchirai... mais aujourd'hui je ne m'en sens pas le courage, je n'en n'ai pas la force. L'émotion a été trop violente...

— Non! non! non! c'est perdre du temps. Louis va rentrer pour le déjeuner, tu l'appelleras aussitôt dans ton cabinet et tu seras sévère, inflexible avec lui... s'il en est temps encore...

— Oh! mon Dieu, mon Dieu! Je n'ai pas la force de gronder mon fils. Laisse-moi un jour de calme... je te promets...

— Tu promets toujours, mais tu ne tiens jamais...

La femme, pleine de dédain, sort de la chambre non sans avoir lâché à haute voix, violemment, cette apostrophe.

— Mais cet homme n'est donc pas un homme!

Ma fille, je t'épargne les autres tableaux de la faiblesse humaine; ils sont fort laids à voir, plus laids encore à décrire; mais ils sont infiniment nombreux et variés l'aspect.

N'épouse jamais un homme faible. Je te dirais presque : épouse plutôt un tyran.

LE MARI JALOUX

Je gage, ma chère fille, que plus d'une fois, en pensant au futur mari de tes rêves, tu te l'es imaginé un peu jaloux ; presque toutes les femmes pensent comme toi.

Pourtant, cent fois je l'ai dit et écrit : vous avez toutes absolument tort.

On peut être jaloux sans aimer et l'on peut aimer sans être jaloux. Il vous semble qu'un homme qui ne se défie pas de sa propre femme, qui ne se trouble pas si un autre la trouve belle et le lui fait comprendre, est un homme qui vous méprise et n'a cure de vous.

Quelques femmes dans leur faux jugement, en arrivent à mesurer l'intensité de l'amour d'un homme au degré de sa jalousie. Un homme qui n'est pas jaloux à leurs yeux passe pour un homme indifférent ; un homme jaloux, pour un homme amoureux ; un homme très jaloux, pour un homme très amoureux.

Je ne souhaite pas à ces malheureuses d'avoir un mari jaloux. Elles seraient bien punies de leur erreur d'apréciation !

Il est naturel que nous cherchions tous à défendre ce qui nous est cher des attaques d'autrui ;

il est très naturel que nous voulions mettre notre douce compagne à l'abri des griffes et des caresses des brigands d'amour; mais si nous avons son estime, nous pouvons être sûr qu'aucune attaque ne pourra l'entamer et que, si elle se défiait de ses propres forces, elle invoquerait notre alliance.

Mais, craindre à chaque heure une trahison ; mais, regarder de travers tout homme qui l'approche ou lui parle ou lui sourit, c'est l'offenser sans droit, la tourmenter sans raison; c'est remplir son propre ciel d'une fumée âcre et puante qui empeste l'air et asphyxie l'amour.

Combien de femmes sont tombées, en manière de protestation contre des maris mouchards ou gendarmes, qui les entouraient d'espions, de pièges d'un injurieux réseau de défiance et de soupçons.

— Si la vertu n'a pas suffi à me défendre de ta jalousie, au moins tu seras jaloux pour quelque chose, disent-elles.

Dans presque toutes les variétés de la jalousie, l'amour-propre entre pour une part plus grande que l'amour.

La jalousie d'amour pur n'est qu'une douleur forte, cruelle; mais une douleur.

La jalousie d'amour-propre est une douleur, mais plus encore une colère, un défi, une réaction de l'orgueil viril offensé dans tout ce qu'il a de plus délicat et de plus irritable.

La jalousie d'amour pleure et implore ; elle s'humilie et prie.

La jalousie d'amour-propre crie et maudit, frappe et tue.

Les assassins des femmes infidèles sont presque toujours absous par la *vox asinorum* des jurés, parce que tous les jurés se sentent offensés et menacés par l'amant heureux ; moi, si j'avais le mal heur d'être juré, je les condamnerais.

Je les condamnerais, parce qu'en eux je ne vois que le cri et la morsure de la bête humaine, et, qu'après tout, ils sont des assassins, personne au monde n'ayant le droit de tuer un autre homme.

Je plains les maris qui tuent l'amant heureux et je compatis à leur malheur; je maudis et condamne ceux qui tuent leur femme ou leur maîtresse, qui souillent leurs mains du sang d'une femme dont ils ont goûté les baisers et les caresses amoureuses, qui est peut-être la mère de leurs enfants.

Tuer une femme est la plus lâche des lâchetés, la plus dégradante des violences, et j'applaudis ceux qui, après le crime, se suicident. Ils tuent, mais s'infligent le châtiment de leur crime. La terre ne peut plus les supporter, la société humaine et civile ne peut plus les compter dans son sein.

Raca pour eux ! Mille et mille fois maudit l'assassin de la femme, et maudits soient avec lui les jurés qui l'absolvent, foulant aux pieds la plus juste des justices.

***

L'homme jaloux par tempérament l'est si fatalement, si nécessairement, qu'il ne peut, en aucune façon cacher sa propre faiblesse — je ne voudrais pas dire sa passion, car si elle en a la violence et l'élan irraisonné, elle n'en a pourtant ni la sympathique ardeur ni l'éclat généreux.

Il est dans un état de défiance chronique qui empoisonne son sang, qui contorsionne son geste, qui déforme ses paroles et leur accent,

Tout mot de sympathie innocente ou de louange directe adressé à sa femme par un autre, est un amour qui commence, une violation de domicile. Toute amitié est un adultère, un sacrilège, un crime qui se trame ou se complote.

Tout homme qui approche de notre femme est un ennemi, et le soupçonneux devient convulsionnaire, féroce, s'érige en juge et en accusateur. A la flamme de la défiance s'ajoute bientôt la fumée de la menace, l'insolence de l'accusation, l'injustice de la calomnie.

L'homme jaloux a tous les droits, aucun devoir.

L'homme jaloux est un policier et un tyran en qui se concentrent d'un seul coup les petites intrigues, les malices, les infamies de l'espionnage et toute la brutale puissance de l'exécuteur des hautes œuvres.

Tous les actes, toutes les paroles de sa femme sont passés à la filière de l'inquisiteur, tout regard qu'elle porte sur un homme, tout regard qu'un homme dirige sur elle, sont étudiés avec la lentille d'un ophtalmoscope plus perçant que tous ceux inventés par les médecins.

L'homme jaloux est toujours armé d'une loupe pour voir ce qui est et ce qui n'est pas ; de toutes les armes blanches et à feu pour frapper et pour tuer. Les armes blanches sont toujours affilées, les armes à feu toujours chargées et le chien relevé.

Figure-toi, ma chère enfant, comme une femme doit être heureuse, ayant à ses côtés un tel homme toujours défiant, toujours prompt à accuser ou à condamner, avec l'œil louche d'un tortionnaire, avec le hache du bourreau.

Le prétendant, le fiancé est toujours hypocrite, qu'il le veuille ou non, soit qu'il cache ses défauts, soit qu'il exagère ses qualités ; mais la jalousie est peut-être la chose la plus difficile du monde à dissimuler, car elle est violente, exigeante, et quatre-vingt-dix fois sur cent déraisonnable.

Sois donc attentive à ses paroles, à ses questions ; alors il te sera très facile de découvrir s'il est jaloux.

Sous prétexte de s'intéresser à tout ce qui te concerne, il voudra savoir ce que tu fais, qui tu vois, surtout qui tu reçois. Et si parmi tes visiteurs il est quelque jeune homme, contre lui, surtout, il dirigera son enquête policière, te demandant quel il est, ce qu'il dit, ce qu'il fait, combien durent ses visites, etc., etc.

Cette curiosité te semblera dictée par l'affection, sera enveloppée de plaisanteries et de réticences, d'excuses et de tendresses ; mais ne te fais pas d'illusions, ce n'est qu'une forme aimable, policée de la jalousie.

Et si tu veux savoir jusqu'où va cette jalousie, si elle est à l'eau de rose ou, au contraire, si c'est une passion féroce et brutale, donne-lui par plaisanterie prétexte à se montrer jaloux pour de vrai et avec raison, quitte à éclater de rire et à détruire d'une bonne parole, ton innocent et artificieux traquenard.

Sois femme et il ne me restera rien à te dire de plus.

Les femmes, sans avoir jamais étudié la chimie savent analyser les sentiments, les sourires, les. larmes et surtout les déclarations d'amour, savent discerner ce qu'elles contiennent de vérité ou de mensonge.

Tu feras donc éclater la jalousie de ton fiancé, pour connaître si elle est sincère ou feinte, quelles proportions d'amour et d'amour-propre elle contient.

LE MARI GRINCHEUX

— Te rappelles-tu, mon enfant, l'excursion que nous avons faite, avec tes cousins en octobre dernier, à Vigiona?

Une excursion qui fut divertissante à force de contretemps, d'incidents cocasses et inattendus.

Tous réunis sur la place de Cannero à sept heures du matin, nous interrogions le ciel pour décider si l'on devait partir ou rester à la maison.

Il avait plu un peu pendant la nuit et l'herbe sur laquelle nous devions déjeuner était certainement humide... disaient les pessimistes.

— Mais, répliquaient immédiatement les optimistes, s'il a plu à Cannero ce n'est pas une raison pour qu'il soit aussi tombé de l'eau à Vigiona. Souvent il pleut sur la rive du lac, tandis que le soleil luit dans la montagne.

— Le contraire arrive plus souvent, reprenaient les amis de Schopenhauer.

Mais les autres, et tu étais de ceux-là, mon cher ange :

— Mais non, voyez comme le soleil brille à Macagno et à Luvino. La journée sera très belle, sereine et fraîche.

— Bien, très bien. S'il fait beau sur le versant lombard, c'est parce que le vent souffle de l'est; il nous apportera, comme toujours, le mauvais temps.

— Donc?

— Donc?

Les optimistes étaient en majorité, parce que dans leur groupe les jeunes dominaient.

La caravane partit. Les ânes avec les dames et les domestiques devant, les jeunes gens et les hommes à pied avec autant d'alpenstocks que si l'on avait dû faire l'ascension du mont Blanc; la bonne Janna, qui portait sur ses épaules de bronze une corbeille pleine de vivres, fermait la marche.

Nous arrivâmes à Trarico après de continuelles disparitions et apparitions du soleil, tandis que les pessimistes triomphants continuaient leur refrain, criant dans un cas : « Nous vous l'avions bien dit » et alternant avec les optimistes qui s'exclamaient en riant : « Voici le beau temps ».

Une véritable ondée remit tout en question : devait-on continuer le voyage jusqu'à Vigiona, ou ne valait-il pas mieux s'arrêter à Trarico, dans une auberge?

Mais encore cette fois, après la pluie, reparut le soleil et les optimistes eurent raison de nouveau.

Tu te souviens certainement mieux que moi, ma chère Emma, de tous les incidents drôlatiques de de notre promenade, et je te les rappelle seulement afin de revivre une heure avec toi et de te remettre en mémoire la dernière scène, la plus comique de toutes, lorsque, la collation terminée, on voulut allumer du feu sous un gros châtaignier, pour cuire des marrons et les manger chauds, sur cette herbe si douce et d'où montaient tous les parfums automnaux de la montagne.

Chacun de nous apportait des feuilles mortes, des brindilles, des rameaux, de l'écorce; mais tout était humide, sinon trempé, et c'est à peine si l'on parvint avec de grands efforts et une patience plus grande encore à embraser les feuilles; les petites branches, imbibées d'eau, ne donnaient que fumée.

Accroupis autour de ce foyer, qui soufflait, qui lui faisait un rempart de son corps contre un zéphyr impertinent afin que toute cette fumée se changeât en flamme; mais nos efforts réunis n'aboutissaient à rien.

Tantôt la fumée était d'azur, tantôt blanche, mais, en changeant de couleur, elle ne cessait d'être désagréable, insupportable, et, nous entrant dans les yeux, elle nous faisait pleurer, dans les bronches provoquait la toux.

Un moment, le vent fit trêve, et l'on vit un peu de rouge au milieu du nuage de fumée, alors les optimistes s'écrièrent:

— Victoire!

Et les pessimistes :

— Attendez un peu.

Mais bientôt la fumée recommença désagréable, incoercible, insupportable, et après une heure d'un héroïsme général, mais, hélas! impuissant, on dut renoncer à avoir du feu et, par conséquent, des châtaignes chaudes.

Quand les convives se furent réunis pour rentrer à la maison et après que les *Kiökkenmoëdings* (1)

1. En danois : les reliefs. *Kiökkenmoëdings* est un terme fréquemment employé par les archéologues et les voyageurs scandinaves, par Nordenskjold notamment, et sert à désigner les amas de détritus qui marquent l'emplacement des stations des tribus préhistoriques.

de notre collation eussent recueillis, avant que de descendre des hauteurs nous nous retournâmes tous, d'un mouvement unanime et involontaire, pour regarder notre feu, allumé en vain, et les pessimistes s'écrièrent :

— Il fume encore.

***

Je te rappelle cette promenade — certainement tu ne l'as pas oubliée — pour en arriver à te dire que le mari grognon est, en tout, semblable à ce feu que nous avions allumé sur la prairie de Vigiona et qui ne donnait que de la fumée.

Tu peux être gracieuse, aimable, indulgente tant que tu voudras avec un homme grincheux, il trouvera toujours quelque chose à reprendre, quelque motif de lamentation, de chagrin.

Tu lui prépares une surprise affectueuse, et il se gratte la tête en s'écriant :

— Je n'aime pas les surprises.

Ou bien :

— Qu'est-ce qui te prend? En ce moment une dépense inutile est une faute, et l'on peut payer cher le plaisir qu'elle procure.

Il fume!

Il est à table, à cette heure où les estomacs et les cœurs s'associent pour chanter un des meilleurs duos du monde. Tu souris, en voyant fumer la soupe odorante, en regardant les mains impatientes de tes enfants qui préparent leurs armes — cuillers et fourchettes — pour le joyeux combat:

voilà ton mari qui trouve que la bouteille n'est pas à sa place et que le potage n'est pas assez clair ou qu'il l'est trop.

Il fume!

Tu sors pour aspirer quelques bouffées d'air. Tu est heureuse, parce que tu te sens bien, que tes enfants sont en bonne santé, bien habillés et de bonne humeur. Tu donnes le bras à ton grognon de mari, et il n'a pas encore mis le pied hors de la maison qu'il a découvert un gros nuage et prophétisé le mauvais temps.

— Pourquoi n'as-tu pas pris ton parapluie? Pourquoi sommes-nous sortis? Il aurait mieux valu attendre à demain ou à un autre jour...

Et pendant toute la durée du passage de ce nuage il discutera, ergotera, et sa froide et ennuyeuse conversation n'aura pas d'autre sujet.

Voilà qu'il fume!

Tâche de désarmer le grincheux d'une aimable plaisanterie, d'une drôlerie gentille. Autant vaudrait souffler sur le feu de Vigiona; plus tu souffles, plus tu le fais fumer.

L'homme grincheux a de l'amertume dans la bouche et il faut qu'il la crache. S'il suce un morceau de sucre, le sucre lui-même s'empoisonne; car son amertume est semblable à celle de la quinine, profonde et éternelle.

S'il ferme les lèvres, comme il ne crache plus, la salive amère s'accumule dans la bouche, l'étouffe, et, alors, malheur à nous, au lieu d'un crachat, nous aurons une mitraille de toutes les ordures morales qui peuvent germer dans un foie malade, dans une cervelle détraquée.

Dieu, la providence et la fortune te préservent d'un mari grincheux !

Quand tu dors, c'est une puce, souvent même une punaise ; tu peux l'écraser, mais morte elle laissera sa puanteur à tes doigts.

Si tu lis, c'est une mouche qui, lorsque tu la chasses, revient à la charge avec plus d'acharnement.

Si tu es gaie, c'est le tintement d'une cloche qui sonne le glas des morts.

Si tu réfléchis, c'est un orgue de barbarie qui écorche sous ta fenêtre une sonate monotone.

Si tu plaisantes, c'est un pion qui lève la férule et t'impose silence.

Et si tu te tais, c'est une commère babillarde qui veux que tu lui tiennes compagnie.

Si tu souhaite te rafraîchir, c'est une pelisse qu'il te met sur les épaules. Si tu veux te réchauffer, il te souffle au visage ; il t'arrête si tu chemines et si tu veux marcher il te force au repos.

Puce, punaise, mouche, cloche, orgue de barbarie, pion, commère, c'est un fâcheux perpétuel ; le mari grincheux est plus qu'un ennui, c'est un malheur, plus qu'un malheur, un désespoir ; c'est une fumée vivante, une fumée éternelle qui décèle le feu de l'enfer domestique.

LE MARI AVARE

L'avarice est un des défauts les plus difficiles à découvrir chez un fiancé, et comme il est de ceux qui, nécessairement, inéluctablement s'aggravent avec l'âge, ouvre grand tes yeux, mignonne, afin de le découvrir.

Un fiancé est toujours généreux, qu'il soit amoureux ou non. S'il t'aime vraiment, s'il te désire, il n'y a pas d'occasion de te faire un cadeau, d'accomplir devant toi une œuvre charitable qu'il néglige. Il le regrettera peut-être demain, mais quand il te voit, l'avarice s'enfuit ou se fait toute petite; il se montrera large, généreux, peut-être même dépensier.

S'il ne t'aime pas, mais qu'il te veuille sienne pour raison de convenances économiques ou mondaines, il aura encore beaucoup plus de motifs d'afficher ses largesses. Il sent la nécessité de dissimuler le vœu de son cœur et son manque d'amour apparaît enveloppé des fleurs de la générosité. Pourtant, ni par la couleur ni par le parfum, les fleurs achetées chez le fleuriste ne diffèrent de celles cultivées avec passion dans notre jardin et cueillies une à une, avec un soin amoureux, après un choix savant.

Un fiancé, ma fille, est donc toujours généreux, en apparence ou en réalité; mais il importe de bien distinguer l'une de l'autre, ce qui est très difficile.

Il est vrai que tu pourrais prendre des informations auprès d'amis communs, de personnes à son service, recueillir les bruits publics; mais c'est une entreprise dangereuse et d'un résultat incertain. Je n'ai jamais su pourquoi, mais il est démontré que ces sortes d'enquêtes sur la valeur d'une femme ou d'un homme aspirant au mariage donnent toujours des résultats incertains ou faux et, dans les meilleurs cas, contradictoires.

Tout le monde a peur de dire la vérité, si la vérité est vilaine; d'autre part, beaucoup de gens jalousent le bonheur d'autrui et, pour cette raison, exagèrent ses défauts ou lui en prêtent. Le courage civique est la plus rare des vertus sociales; et pour dire à un père ou à une mère qui demandent des renseignements sur le fiancé de leur fille : « Mes chers amis, c'est un cerveau brûlé, un imbécile ou un fainéant », il faut un héroïsme peu commun.

Cette bravoure est si rare que l'on déguise la vérité, même lorsqu'il s'agit de l'engagement d'une femme de chambre ou d'une cuisinière!

En conséquence, ma fille, il te faudra découvrir l'avare, ou celui qui est sur le point de le devenir, avec tes seuls yeux, par tes propres moyens.

Voici ce que m'enseigne, à ce sujet, une longue expérience.

L'avare ou le candidat à l'avarice, même dans les conversations les plus simples et les plus calmes, souligne toujours tous les mots et tous les nombres qui ont rapport à l'argent, au capital, à la richesse en générale ou à ses formes diverses.

Pour lui : monnaie, écus, rente, or, argent, capital, revenu sont des mots sacrés; il les prononce avec une émotion, inconsciente peut-être, mais que l'intonation trahit.

Quelle psychologie cachée, mystérieuse et puissante reste enfermée dans l'accent donné à la parole!

Combien de fois n'ai-je pas découvert un amour celé aux plus profonds replis de l'âme, à la seule façon dont une bouche prononçait un nom d'homme ou de femme!

Le discours cheminait lent, serein, sans heurts ni secousses; mais la voix qui devait traduire le nom baissait tout à coup d'un ou deux tons, tremblait légèrement, ou tout au contraire s'élevait, sautillant avec désinvolture, comme si elle eut voulu cacher son tremblement, comme si le cœur accompagnait la chère parole.

Ce qu'est l'être aimé pour qui aime, l'argent l'est pour l'avare.

Épie-le, surtout, lorsqu'il prononce les mots *million* ou *millionnaire*.

Il s'exalte, hausse le ton de la voix, gonfle le gosier, et les vocables vous sonnent à l'oreille, comme gens en fête qui s'avancent précédés de trompettes et de tambours et suivis d'une fanfare de points d'exclamation et d'admiration.

Mais ici qui oserait plaisanter?

Un *million*! L'astre diurne et nocturne de tant de milliers de bipèdes sans plumes; l'éternelle préoccupation de tant d'ouvriers du grand atelier humain, le soleil de mille et mille planètes et de leurs habitants, le dieu auquel tant de créatures portent le tribut de leur énergie, de leur intelligence, de leur dignité, toutes les affections des fils, des pères, des citoyens.

Pas de blagues! un million est un milllllion!

Un autre signe caractéristique de l'avare, c'est la caresse qu'il fait à la monnaie et aux billets de banque avant de les lâcher, soit qu'il paie une petite note ou qu'il règle une grosse somme.

Il touche la monnaie comme aucun autre objet; il lui témoigne un respect amoureux, une tendre dévotion. Pour lui, elle représente la valeur des valeurs, la force des forces, et s'il pouvait le faire décemment, lorsqu'il doit manier une forte somme, volontiers il se découvrirait. Mais, au contraire, il se contente de presser la monnaie et les billets l'un sur l'autre comme s'il lui en coûtait de se séparer d'eux et qu'il voulut à chaque pièce, à chaque feuille de papier Joseph, envoyer un tendre salut, plein d'affection et de regrets.

Si j'étais un grand peintre psychologue je

voudrais exécuter deux tableaux et les mettre en regard l'un de l'autre, comme les deux faces d'un même prisme. Tous deux représenteraient le même homme; mais le premier quand il compte l'argent qu'il doit payer, et le second lorsqu'il compte la monnaie qu'il vient de recevoir.

Au dessous j'écrirais : *Il paye! — Il est payé!* Et je vous assure que dans ces deux tableaux je ferais entrer une telle quantité d'hommes que j'en laisserais bien peu en dehors.

L'avare, quand il voit une belle chose, fût-ce un objet d'art, s'informe d'abord de ce qu'elle a coûté ou se demande à lui-même combien elle coûte, parce que de toutes les qualités d'un objet quelconque, sa valeur marchande est celle qui l'intéresse le plus.

Tous les problèmes de la vie, toutes les questions politiques ou sociales, tous les incidents et tous les accidents des individus ou des nations sont, pour lui, liés à une question d'argent, sur laquelle il dirige, arrête son regard et ses méditations.

— Quelle belle fille! dira-t-on.

Lui, tout de suite.

— Elle a trois cent mille francs de dot.

Direz-vous qu'un tel a obtenu un emploi?

Lui d'ajouter :

— Mais il n'a que trois mille francs d'appointements.

Le socialisme n'est rien autre que l'envie de l'argent d'autrui, les révolutions sont des déplacements de richesse, et ainsi de suite.

***

N'épouse jamais un avare, ma petite fille.

Supposons que ton fiancé soit avare; s'il l'est quoique jeune, imagine ce qu'il deviendra aux premiers cheveux blancs, à l'âge où l'économie apparaît comme nécessaire à la protection de la vieillesse imminente, quand les prodigues eux-mêmes commencent à devenir prévoyants.

L'avarice est, de toutes les passions humaines, une des plus abjectes et celle qui exerce dans le plus vaste rayon sa triste influence : une influence qui refroidit, stérilise et momifie tout ce qu'elle touche. Je m'imagine toujours voir dans les mains de l'avare une paire de ciseaux bien aiguisés, sans cesse prêts à couper toutes les branches qui poussent sur l'arbre de la vie, toutes les fleurs d'enthousiasme qui se montrent dans les allées de la jeunesse et du bonheur.

Passion rachitique, anémique, scrofuleuse qui se nourrit de *si* et de *mais*, qui éteint toutes les flammes de la poésie et ferme toutes les fenêtres par peur de perdre la chaleur de la pièce Origène qui se mutile de peur du péché; une atrophie chronique et volontaire du cœur, des muscles, et du cerveau, une asphyxie lente qui, dans le nid de la famille, sème la peste et cultive toutes les lèpres morales, intellectuelles et esthétiques.

Ma fille, n'épouse jamais un avare.

LE MARI LIBERTIN

Notre société corrompue mais hypocrite, libertine en ses œuvres mais puritaine en ses paroles, impose à la jeune fille l'ignorance la plus complète, et l'idéal rêvé pour celle qui va se marier et qui est peut-être nubile depuis trois ou quatre ans, c'est de ne savoir pas comment naissent les hommes ni comment ils se font. Donc elle doit ignorer ce que signifie le mot libertin. Et à ce propos, je me rappelle qu'au cours d'une conversation où l'on parlait d'un tel, comme on en était venu à dire que c'était un libertin, la fille de la maison interrompit, demandant à brûle-pourpoint.

— Et qu'est-ce qu'un libertin?

La mère, prise à l'improviste, se gargarisa la gorge d'une petite toux de commande, artifice très commun aux gens qui veulent se donner le temps de préparer une réponse difficile.

Puis comme si on eut pressé une détente :

— Un libertin est un homme trop libéral.

Heureusement, mon trésor, tu as été élevée tout

autrement que tes compagnes, et quoiqu'innocente, tu sais très bien ce que c'est qu'un libertin.

Pourtant, si le jeune homme qui te fera la cour dans l'intention de t'épouser, était un libertin et dissimulait son vice avec la plus habile des hypocrisies! Il est donc bon que je t'enseigne à quoi tu pourras le reconnaître.

Ouvre l'œil et fais bien attention car les libertins sont presque toujours très sympathiques, et les femmes ont une tendance à les trouver charmants, à les aimer.

Cependant ce sont de mauvais maris et, presque toujours, de très mauvais pères, En leur femme, comme en général en toutes les femmes, ils ne considèrent que la femelle. Ils l'aiment, ou plutôt la désirent tant qu'elle est jeune et belle, et la dédaignent à peine les premières neiges tombées sur sa tête, ou la première ride gravée sur son visage.

Ils sont tous semblables à celui de leurs congénères qui, un jour, disait en soupirant :

— Pourquoi lorsqu'une femme a quarante ans ne peut-on pas la lâcher pour en prendre deux de vingt ans. Ne change-t-on pas un billet de cent francs contre deux billets de cinquante?

Le jeune libertin, qui te fera la cour, te regardera avec des yeux ardents et sans aucune timidité, et son regard t'obligera, presque toujours, à baisser les yeux et à rougir.

Il ne se contentera pas de fixer ton visage, mais ses yeux se promèneront sur toi de haut en bas, t'envelopperont toute, et tu t'en sentiras offensée comme s'il te disait des paroles audacieuses ou inconvenantes.

Une très honnête femme me disait un jour :

— Je ne m'explique pas pourquoi, mais quand le marquis R .. me regarde, il me semble que je suis nue et que ses regards cherchent à voir si véritablement je suis vêtue.

En réalité le marquis R... était un fieffé libertin.

Le jeune libertin, cependant, ne se contentera pas de regarder.

Il trouvera, à tout moment, un prétexte pour palper tes vêtements, pour de son pied presser le tien, il découvrira toujours qu'une boucle de cheveux s'est dérangée et voudra la remettre en place.

Si tu lui donnes la main il la retiendra longtemps dans la sienne, la caressera tendrement, l'étreindra avec force, de manière à te faire rougir.

La même femme dont je parlais plus haut me disait :

— Je cherche toujours à éviter la poignée de main du marquis R... Elle me semble un outrage.

Tout cela s'applique aussi à ses discours.

Plus d'une fois, il te fera un récit des plus innocents en apparence, mais l'interrompra en clignant l'œil, le sourire aux lèvres, comme s'il voulait te faire comprendre qu'il ne dit pas tout ce qu'il pourrait dire, mais que pourtant il voudrait que tu comprisses tout ce qu'il ne dit pas.

Toi, tu ne comprendras rien, mais il continuera de souligner certaines phrases d'un clignement d'yeux ou d'un sourire plein de sous-entendus.

Tu ne t'en doutes pas, mais ces clignements d'yeux et ces sourires cachent une impertinence et, dans l'ordre moral, sont de véritables outrages à la pudeur.

Si tu visites avec lui une galerie ou une exposition de peintures il t'arrêtera de préférence devant les tableaux représentant quelque figure peu vêtue, quelque Vénus sans chemise, et, te regardant de ses yeux luisants, avec son rire à double entente, il t'invitera à examiner et à admirer.

S'il te prête un livre, tu trouveras un signet aux pages où une scène d'amour est décrite, ou bien il te lira lui-même ces feuillets en les commentant de ses regards.

***

Il pourra encore t'arriver ceci.

Ta femme de chambre entre au salon et t'annonce la visite de ton prétendant.

— Faites entrer...

Mais, tout en disant ces mots, tu regardes la domestique et la trouves rougissante, troublée. Un moment après, tu n'y penses plus ; mais quelques jours plus tard ton prétendant te fait une autre visite et tu constates la même rougeur, le même trouble chez ta femme de chambre. Il te paraît aussi, cette fois, que sa voix est quelque peu tremblante.

La troisième ou la quatrième fois que se répète la même scène, tu éprouves le besoin d'interroger cette fille, lorsqu'elle te suit dans ta chambre pour t'aider à te déshabiller.

— Dis-moi un peu, Silvia, pourquoi, lorsque vient M. M... l'ingénieur, entres-tu au salon la face rouge, le visage troublé? Cela ne t'arrive jamais quand tu annonces une autre personne...

Silvia rougit plus que jamais et ne répond pas.

— Dis-moi la vérité, Silvia, je le veux.

— Mademoiselle, je ne sais pas...

— Tu dois le savoir.

— Mais Mademoiselle sait que je suis si timide, les jeunes gens me gênent...

— Mais cela ne t'arrive jamais quand tu parles à mon frère ou à ses amis, le Dr B..., Me T..., qui sont aussi des jeunes gens et, en outre, de beaux garçons...

— Mais, monsieur, je le vois tous les jours... Les autres me gênent...

Ici, Silvia baisse les yeux, soupire bruyamment. Elle paraît se retenir de pleurer, puis :

— Tenez, Mademoiselle, je ne voulais pas vous le dire, parce que je ne m'en sentais pas le courage et puis, et puis, parce que...

Silvia s'arrête et pleure.

— Parce que... parce que je croyais que l'ingénieur était votre fiancé et que je ne voulais pas en dire du mal.

— Non, non! dis-moi tout, l'ingénieur n'est pas mon fiancé...

— Eh bien, alors, je vous dirai toute la vérité. Ce monsieur, à peine entré dans l'antichambre, avant de me demander si Mademoiselle peut le recevoir, me prend le menton, ou veut m'embrasser, ou prend avec moi d'autres privautés du même genre... La dernière fois, pendant que je lui retirais son pardessus... je n'aurai jamais le courage de dire à Mademoiselle...

— Si, si, je veux tout savoir...

— Eh bien! il m'a pris dans ses bras et m'a donné un baiser...

— Et tu l'as laissé faire, et tu ne me l'as pas dit tout de suite...

— Que voulez-vous! il m'a prise à l'improviste et j'avais honte de vous en parler ; mais permettez-moi de vous dire que l'ingénieur est un grand fou.

Ma fille, un jeune homme amoureux d'une femme et qui va lui rendre visite, doit trembler comme un croyant qui s'approche de l'autel; il doit se garder pur de tout instinct bas et si, au contraire, il a le temps ou le désir de pincer une femme de chambre, c'est qu'il n'a pas le moindre idéal dans l'âme. C'est certainement un libertin, et s'il te veut prendre pour femme, c'est pour conclure une bonne affaire ou pour satisfaire un besoin des sens.

Après ce dialogue, il faut mettre à la porte le prétendant et toujours être sortie lorsqu'il vient te voir.

Qu'il aille embrasser une autre femme de chambre et qu'il cherche une autre femme. Quant à toi, tu dois lui faire comprendre, d'une façon ou de l'autre, que tu lui appliques le vers :

> Laissez toute espérance...

LE MARI IMBÉCILE

Mon trésor, je t'en voudrais en vérité, si je te croyais capable de t'éprendre d'un imbécile et de ne pas savoir le démasquer quelques jours après en avoir fait connaissance.

Il y a cependant beaucoup de femmes qui épousent des imbéciles parce qu'ils sont riches et portent une couronne hérissée de cornes dans leurs armoiries.

Même les plus cyniques, même celles qui regardent leur mari comme une force ou comme un sauf-conduit, finissent par se repentir de cette prostitution.

La femme qui a honte de son compagnon, qui doit rougir de lui dans toute conversation, se juge amoindrie dans sa dignité propre, et quand ses fils sont grandelets et qu'elle est contrainte de rougir de leur père devant eux, éprouve une de ces douleurs profondes, muettes qui ravagent l'âme comme un fer rouge.

La femme doit être fière de son mari, de sa gloire, et se réjouir plus que lui de son intelligence. Elle pardonne la laideur, les cheveux blancs, même les difformités physiques ; elle ne pardonne jamais la faiblesse intellectuelle. S'il y a une virilité du corps, il y en a une autre plus haute et plus vitale : celle de l'esprit, de l'énergie, du caractère. Et, à son honneur, la femme tient à celle-là plus qu'à l'autre. Elle est née comme la vigne pour s'appuyer sur l'arbre, et, quand elle se voit contrainte de soutenir son compagnon, elle peut arriver à la pitié, à l'amour jamais, car on ne peut aimer que ce qu'on estime.

Quand une femme s'est vendue à un riche imbécile, et que, dans le jour, elle s'est grisée du faste d'un train somptueux, quand elle s'est parée avec une joie intime de ses plus beaux joyaux, de ses robes de velours, quand, avec une vanité mal dissimulée, elle a jeté au nez de ses amies, le nombre de ses domestiques, elle rentre chez elle et, assise en face de son imbécile, elle rumine ces fausses joies qui, dans sa bouche, se changent en chicotin. Plus d'une fois, elle a été arrachée de son extase amoureuse par une observation idiote, par une exclamation de crétin, et, du fond de son cœur, la rage lui est montée aux lèvres avec ce cri de lionne blessée :

— Cet homme-là, c'est mon mari! Je porte le nom de cet idiot!

Que le regret et le besoin de vengeance s'allient dans cette âme repentante, et, sur la couronne de comte du mari, les cornes perleront à l'infini; si c'est une couronne de marquis, elles fleuriront et refleuriront avec une fécondité délicieuse.

***

Mais pourquoi, ma chérie, me tourmenterais-je en décrivant un mari que tu n'épouseras jamais?

Quoique tu professes une sainte horreur pour tous les imbéciles, je dois te mettre en garde contre l'imbécile incompris. C'est une espèce assez rare et qui trompe même les bons observateurs.

L'imbécile incompris a tout l'aspect extérieur de l'homme normal et peut même simuler le grand génie.

Il est stupide intérieurement, mais porte à l'extérieur un vernis qui simule l'intelligence. Il est né sans talent, mais avec beaucoup de rouerie, et elle lui a enseigné à dissimuler, pour un temps, ce qui lui manque. Il se tait souvent, et d'autant plus volontiers qu'on parle de choses élevées, de questions importantes dans lesquelles l'intelligence vraie éclate et scintille. Dans ces occasions, l'idiot incompris fronce le sourcil, prend l'air grave, très grave, et accompagne votre discours d'un mouvement de tête approbatif, comme s'il suivait votre pensée avec une vive curiosité.

Quand vous formulez une affirmation hardie ou une question impétueuse, il jette alors dans le discours un énergique point d'admiration, presque toujours accompagné d'un sourire malicieux qui semble renfermer je ne sais combien de pensées, je ne sais quelles fines critiques, je ne sais quel mélange de doute et de sous-entendus. Quand il lui semble que la mimique des muscles de la face ne suffit pas, il lâche dans le vide un : *pourtant?* ou un : *je le crois!* ou bien un : *il en est toujours ainsi!* ou encore un : *je le savais déjà!* voire quelque autre phrase de même valeur accompagnée de son point d'exclamation respectif ou de son sourire relatif.

Le dictionnaire des imbéciles incompris ressemble en tous points à la garde-robe d'un artiste dramatique.

On y trouve couronnes de talc qui sont dogmes absolus; cuirasses de fer-blanc qui représentent l'ignorance en état de défense; poignards de bois qui valent raisonnements sans raison; des Durandals en zinc qui veulent être prises pour des épées de Tolède, et toute une vitrine de pierres fausses qui ont la prétention de passer pour des joyaux d'esprit et de subtilité.

Dans toute cette défroque on peut trouver aussi un véritable poignard qui coupe pour de bon, un diamant vrai dont l'éclat ne soit pas mensonger, mais alors sois sûr que ce sont bibelots volés et casés dans la mémoire pour servir dans les grandes occasions.

Je me rappellerai toujours l'étrange impression que produisit un jour sur moi, un travail édifié avec une assurance enviable par un imbécile qui prétendait aspirer à la gloire d'écrire. Je lus avec grande attention ce manuscrit qui me paraissait être, d'un bout à l'autre, l'avortement d'une mentalité idiote; mais parmi ces mots sans idée, ces phrases dénuées de sens, je trouvai, tout à coup, un concept hardi qui me fit l'effet d'une pierre fine tombée dans la boue; aussitôt après, cependant, l'imbécillité reprenait son fil, interrompu de-ci, de-là, par un nouveau joyau.

A la fin, je compris de quoi il retournait. C'étaient pierreries volées toutes à la couronne de Stuart Mill ou d'Herbert Spencer et enchâssées dans du pisé.

Les imbéciles incompris dans leurs discours font comme ce piteux écrivain, qui aspirait à la gloire sans avoir même le droit de goûter au pain quotidien de l'intelligence.

L'imbécile incompris et fourbe possède une autre ruse. En outre de son savant silence, de son jeu d'interjections et de gestes habiles autant qu'agiles, et qui lui tiennent lieu d'idées, il sait au bout de peu de temps deviner le niveau intellectuel des personnes avec lesquelles il cause.

Si elles sont réputées pour leur intelligence et leur culture, il se taira toujours avec une fermeté bien enracinée, certain de se réserver, au pis aller le mérite de la modestie.

Si, au contraire, son interlocuteur est au-dessous de la moyenne, alors il parle pour ne rien dire, écrase les ignorants sous la confusion des phrases et l'obscurité des pensées, et réussit enfin à se faire prendre pour quelque chose par quelqu'un.

Il a encore un autre procédé, c'est de parler toujours des choses inconnues ou mal connues des gens présents.

L'art d'observer les hommes n'est pas des plus communs, et ç'a toujours été pour moi un sujet d'étonnement que d'entendre certains jugements portés par des hommes intelligents sur des imbéciles incompris, par exemple :

Il n'est pas très éloquent, mais il possède une grande profondeur d'analyse.

La tête est très ordinaire, mais il a une grande originalité d'idées.

Quelle fantaisie! Il est regrettable qu'elle s'exprime toujours sous une forme obscure et enveloppée.

Il parle peu, mais pense beaucoup! — Il en sait certainement plus long qu'il ne dit.

Et combien d'autres tout semblables.

Je connais un faux grand homme qui, à force de

garder un silence obstiné, de froncer savamment ses muscles frontaux, a réussi à se faire passer pour un génie. Il a obtenu une chaire, la croix de commandeur de la couronne d'Italie, je ne sais combien de titres d'académicien; et aujourd'hui il siège dans l'Olympe d'une académie fameuse, au milieu d'une foule de vrais grands hommes qui, chaque jour se demandent l'un à l'autre, pleins d'admiration :

— Mais qu'a-t-il donc fait?

— Je ne le sais pas. On dit que c'est un profond penseur. Il écrit peu, mais ce peu est de grande valeur.

— L'avez-vous lu?

— Non, mais tout le monde le dit.

Cet académicien est un imbécile incompris.

LE MARI QUI NE FAIT RIEN

Autant qu'il est en mon pouvoir, ma fille, je t'en prie, supplie, conjure à genoux, ne donne pas ta main à un oisif. C'est pourtant ce qui peut t'arriver si tu épouses un homme riche.

Chez nous, ne rien faire est le devoir de qui peut vivre de ses rentes; et, tandis que nous rions de tout notre cœur des nobles Cochinchinois parce qu'ils conservent leurs ongles dans des étuis d'ivoire, d'or ou d'argent, afin de bien démontrer à tous qu'ils ne se prostituent pas au travail, nous ne trouvons pas risibles nos propres aristocrates qui auraient honte de posséder un diplôme d'ingénieur ou de jurisconsulte.

Pour moi, les ongles si longs des Annamites valent les préjugés des nobles Italiens.

Je dis : Italiens, parce que, dans bien des pays d'Europe et d'Amérique qui sont beaucoup plus avancés que nous, ne rien faire n'est pas un titre de noblesse, mais une honte dont les plus riches rougissent.

A Londres, par exemple, il y a beaucoup de millionnaires qui se livrent à l'industrie ou au commerce, qui font de l'art, de la littérature, de la science, qui voyagent continuellement dans le but de se distraire ou de s'instruire, ou qui, au pis aller, administrent leurs biens et s'occupent d'agriculture.

Je connais, au contraire, en Lombardie, quelques hommes qui n'ont jamais vu leurs terres! Il est vrai que, souvent, leurs fermiers ou leurs intendants deviennent leurs maîtres, et qu'ils meurent criblés de dettes quand ils ne sont pas tués par le vice ou l'ennui.

En Angleterre, en Amérique, personne ne porte des ongles annamites ni aux mains ni dans l'âme.

Ma fille, avant de dire le oui fatal et définitif qui te liera à un homme, regarde d'abord ses ongles.

***

Le riche oisif mène une vie dont je ne voudrais pas pour un seul jour, fût-elle compensée par des centaines de mille livres de rentes.

S'il est jeune, à onze heures du matin il est au lit et dort encore; le pauvre homme s'est couché tard!

Son valet de chambre a l'ordre de l'éveiller et, à l'heure dite, il pousse la porte de la chambre à coucher.

— Monsieur le comte, il est onze heures.

Une voix ensommeillée, un peu pâteuse, répond :

— C'est bien, Charles, revenez dans une demi-heure.

A onze heures et demie, le jeune homme est endormi de nouveau, et, un second coup frappé à la porte le réveille une seconde fois.

— C'est bien, c'est bien je me lève.

Mais, à onze heures trois quarts, le domestique n'a pas encore entendu la sonnette qui doit l'appeler pour habiller son maître.

Le déjeuner est servi, tout le monde est à table, pourtant le comte ne paraît pas.

Il a dû se lever, furieux, s'habiller de même, se mal débarbouiller, et avec un quart d'heure de retard, il s'est enfin assis à table, salué froidement et avec un air de reproche par ceux qui sont là.

Mais il est habitué depuis longtemps à ces récriminations.

Il mange de mauvais appétit, goûte un mets, puis un autre, et ne s'éveille complètement qu'après avoir bu le café.

Il jacasse, fume, flâne, et, s'il n'est pas trop las, passe dans la salle de billard pour faire une partie avec l'un des siens. Il faut bien tuer le temps jusqu'à trois heures, qui arrivent lentement, comme à regret.

Il fait atteler et va rendre quelques visites, généralement à des gens ennuyeux ou qui s'ennuient avec lui; à moins que ce ne soit à quelque fille très amusante, qui lui vide cervelle et porte-monnaie.

Tant bien que mal, il a gagné cinq heures, alors il se rend au cercle; jusqu'à sept heures, l'ennui est enfin conjuré, car il peut s'entretenir avec ses semblables des potins de la ville et jouer aux cartes.

Sept heures sonnent; sa voiture l'attend à la porte du cercle, et, en un quart d'heure, il est chez lui, s'habille, et se met à table.

Bien qu'il ait pris un apéritif, l'appétit est plutôt médiocre. Quoiqu'il en soit, le diner prend fin; de nouveau le café, puis un cigare, font passer rapidement le temps jusqu'à l'heure du théâtre, du bal ou de la soirée chez le marquis de B... ou le duc C..., lorsqu'il ne retourne pas au cercle pour y jouer jusqu'au matin, avec mille angoisses, quand il perd trop, et l'obligation d'aller le lendemain frapper à la porte d'un usurier pour contracter des dettes payables « fin papa ».

Une foule de jeunes gens passent leur vie de cette façon ou avec peu de variantes. Ils savent pourtant le français et l'anglais, possèdent un vernis, très mince, de culture littéraire et, en société, se font admirer par leur toilette impeccable et aussi par un certain esprit.

Et ces avortons de la civilisation moderne osent prendre femme !

Après avoir usé plus qu'à demi leur pauvre petite intelligence, leur maigre corps névrosé, dans les salons de jeux ou dans les boudoirs des demi-mondaines, ils aspirent au mariage, à la très haute fonction de rendre une femme heureuse et de mettre des hommes au monde.

Ils ne doivent pas laisser mourir un grand nom, il leur faut restaurer, grâce à une bonne dot, leurs finances profondément entamées par le tapis vert ou les vices ; alors ils se marient, ils demandent la main d'une jeune fille bonne, jolie, pure, qui dans son mari espère trouver un amant et, dans l'amant, un poème d'extases délicieuses, d'idéalité, de rêve. Ah ! la pauvrette !

Le mari qui ne fait rien ne perdra certainement pas l'habitude de l'oisiveté à trente-cinq ou quarante ans et, dans la monotonie de l'existence de la famille — la lune de miel s'étant couchée bientôt — il trouvera un nouveau et plus puissant prétexte pour retourner au club, au jeu, qui, seul, peut lui donner une forte émotion, qui lui rend la sensation de la vie.

Sa jeune épouse l'aimera, l'invitera à faire de la musique à quatre mains, à lire à deux, aux intimes délices de l'amour; lui se laissera faire; mais tout à coup il bâillera — il bâillera à se décrocher la mâchoire et, à chacun de ses bâillements, une douche glacée tombera sur le cœur de sa pauvre compagne: en vain elle aura tenté de changer une oie en aigle, d'infuser du sang chaud dans les veines d'un crapaud.

***

Tu me diras, ma fille aimée, que j'exagère, que je te sers une caricature et non un portrait; je t'assure, pourtant, que la photographie elle-même est laide et rebutante.

Tous les oisifs n'atteignent pas cette idéale perfection, mais tous les fainéants vulgaires sont insupportables, et répandent autour d'eux un nuage d'ennui qui étouffe tout feu d'enthousiasme, qui éteint toute lueur de poésie.

Et sans la poésie qu'est la vie?

Je le sais, il y a des oisifs incapables de nuire, bonnes gens, qui aiment leur femme et ne sont point joueurs, mais qui de l'ennui ont fait leur atmosphère et n'en veulent pas sortir pour respirer un air plus vital, plus frais, plus grisant.

Ils ne sont jamais fatigués que d'une seule fatigue, celle de l'oisiveté, bien que l'homme pour se sentir vivre, pour jouir de la vie doive éprouver chaque jour une autre lassitude : celle du travail.

Il y a pourtant le travail des sports, du cheval,

de la bicyclette, du yachting, de la chasse, le travail du penseur dans son cabinet, dans son atelier, du voyageur à travers champs, en wagon, en steamer. Le travail a tant d'aspects que, pour les parcourir tous, un homme devrait vivre cent ans.

Le travailleur, lorsqu'il rentre chez lui, y trouve sa femme et, en souriant, lui raconte ses travaux; il rencontre un autre sourire qui répond au sien; il éprouve, alors, l'ivresse de celui qui, pénétrant dans un jardin, y est salué par les fleurs dont les corolles exhalent pour lui tous leurs parfums; l'amour le délasse de sa fatigue, et la conscience de n'avoir pas vécu en vain lui fait dresser le front, tandis que la joie brille dans son œil.

Sans fatigue aucun repos, sans travail aucune joie. C'est en haut que s'épanouissent les fleurs les plus belles, que s'ouvrent les plus larges horizons, et, pour y arriver, il faut suer.

Malheureux, trois fois malheureux, ceux qui n'ont sué que de chaleur.

Ma fille, n'épouse jamais un oisif.

J'ose dire après une longue expérience que le mari qui ne fait rien est le pire de tous les maris.

Et toi, dans ton imagination poétique, dans ta croyance au bien, n'espère jamais avoir l'influence suffisante pour le transformer en un travailleur. Autant vaudrait prétendre changer une tortue en hirondelle, ou un hibou en aigle

LES PROFESSIONS

DANS LEURS RAPPORTS AVEC LE BONHEUR CONJUGAL

Mon cher trésor, lumière de mes yeux (comme on te dirait en Espagne), tu n'épouseras ni un paysan, ni un ouvrier de fabrique, ni un menuisier, mais un ingénieur, un médecin, un avocat, ou, comme on a coutume de dire, un bourgeois.

On répète chaque jour que nous sommes tous égaux; jamais mensonge plus criant ne fut inventé par une cervelle humaine et je vais le répétant dans tous mes livres : c'est mon *delenda Carthago*.

Pourtant cette mirifique parole s'étale jusque sur les sous et les billets de banque d'une grande nation, sur ses drapeaux et dans les lois de tout le monde civilisé. Même dans nos tribunaux il est écrit que tous sont égaux devant la loi, mais comme les juges ne peuvent lire la devise flamboyant derrière leur siège, ils ne sont pas obligés de se la rappeler.

Les hommes ne sont égaux qu'en une seule chose : devant la mort, et encore quelles différences dans la façon de mourir. On peut mourir à peine au monde, ou centenaire, on peut mourir dans un cri de douleur ou dans un sourire ; on peut mourir de joie ou de chagrin, eu maudissant la vie ou en la bénissant.

Mais le plus joli, c'est que plus la civilisation avance, plus les rapports se compliquent, plus les lois se perfectionnent, et plus l'inégalité des individus augmente ; et elle augmentera toujours avec le progrès.

Des socialistes ignorants voudraient enfoncer l'homme dans le grand bourbier collectiviste. Pour moi, au contraire, je suis sûr que dans l'avenir l'individu sera tout, et la société peu de chose, sinon rien.

Pardonne-moi, ma chère fille, si l'élan de la plume m'a entraîné hors de ma route, et si je te fais, très inopportunément, un cours de sociologie, mais j'avais pour but de t'amener à comprendre pourquoi tu ne pourras épouser un homme d'une condition trop différente de la tienne. La condition sociale est le climat dans lequel nous sommes nés, et autour de nous, avec nous ne peuvent vivre que des êtres nés sous le même ciel moral.

Essaie de faire croître ensemble dans la même serre, un sapin et une orchidée des tropiques ; certainement l'une ou l'autre plante mourra.

***

Donc, tu épouseras un homme qui exercera une de ces professions que l'on appelle libérales, peut-être parce qu'elles nous laissent souvent la liberté de mourir de faim.

Même si tu choisissais un homme qui vécût de ses rentes, j'espère que ce ne serait pas un de ces fainéants dont je t'ai déjà fourni une photographie peu engageante. Ce sera un capitaliste; mais il sera attentif à la culture de ses terres ou bien il étudiera pour son plaisir, ou bien, encore, pratiquera-t-il un art; en quelque manière que ce soit, il sera ouvrier de la grande usine sociale.

Ne crois pas qu'il soit indifférent d'épouser un artiste, un médecin ou un avocat.

Le mariage est un organe très délicat, qui subit l'influence, bonne ou mauvaise, de tout ce qui l'entoure ou le touche. Il est plus sensible qu'un mimosa, un galvanomètre ou une plaque photographique. Rien de ce qui le touche n'est indifférent à son salut et à son bonheur.

La profession fait tellement partie de l'homme qu'il ne peut la détacher de ses épaules sans en arracher quelque lambeau de peau, sans déchirer ses chairs.

Chacun de nous adopte une profession plutôt qu'une autre, et il est guidé dans son choix par une foule de raisons diverses, tantôt accidentelles, fortuites, tantôt hautes et profondes; mais surtout il se décide en raison de goûts divers qui devien nent l'expression de notre attitude, de notre structure morale et intellectuelle.

Heureux, trois fois heureux, celui qui la choisit, entraîné impérieusement, irrésistiblement, par les besoins propres de son cerveau ou de son cœur.

Il y a tant et tant d'imbéciles qui maudissent leur propre profession, pour n'avoir pas suivi, dans le choix qu'ils avaient à faire, la voix infaillible de leur première vocation, mais qui ont couru à la poursuite de fantômes, de feux follets, ou bien ont obéi à des influences extérieures, ce qui est encore pis!

Pourtant, la profession une fois choisie devient un vêtement qui colle à notre peau et contribue à notre beauté ou à notre laideur.

As-tu remarqué comme change l'aspect d'une même personne suivant le vêtement qu'elle porte? Eh! bien, une profession est plus qu'un habit, plus qu'un uniforme; elle est une seconde peau qui vit avec nous, se moule sur nous et cependant nous plie à ses exigences, à sa taille, à la matière dont elle est confectionnée.

Les hommes de génie ou d'une volonté de fer savent soumettre la profession et ne pas lui abandonner la plus légère influence sur eux-mêmes; mais le plus grand nombre, la grande masse des hommes, se moule, se plie à la profession qu'ils ont choisie.

Titus est avant tout ingénieur, puis Titus; Sempronius est d'abord médecin, puis Sempronius; Caïus est d'abord prêtre, puis Caïus; et cela, parce que les faibles individualités qui sont la grande majorité, trouvent dans la profession adoptée une matrice toute prête et graissée au petit bonheur, dans laquelle elles moulent leur mince personnalité qui s'allonge, s'adapte ou se rétrécit.

Il y a tant d'employés, tant de médecins, tant de prêtres, tant de soldats adéquats à eux-mêmes, que je n'éprouve jamais le besoin de demander leur nom ni leurs prénoms, et que les voyant, les reconnaissant, je me contente de dire : « C'est un employé ! C'est un médecin ! C'est un prêtre ! C'est un soldat ! »

Si tu es bien persuadée de cette vérité, tu comprendras facilement quelle grande influence devra exercer sur ton bonheur et sur celui de ta famille la profession de ton mari.

Le même homme, avec le même cœur, avec la même fortune, fera un mari différent, suivant qu'il sera banquier ou médecin, militaire ou avocat.

Je ne sais si d'autres, avant moi, ont étudié l'influence des professions diverses sur la félicité dans le mariage. J'ai observé beaucoup et longtemps médité ce problème obscur et difficile. Voici le fruit de mes observations ; prends-le pour ce qu'il vaut, et de toute façon fais passer au second plan ce que je vais te dire. Pense d'abord au caractère, à l'intelligence, à tout ce qui constitue l'homme en soi, puis considère aussi la profession, en te disant qu'elle apportera chez toi ses roses et ses épines qui exerceront leur action sur ton bonheur domestique.

***

Les professions dont j'ai cherché à tracer le profil vu dans ses rapports avec le bonheur domestique, sont celles-ci :

Négociant,
Financier,
Industriel,
Propriétaire foncier,
Artiste,
Ingénieur,
Médecin,
Avocat,
Littérateur,
Savant,
Homme politique,
Soldat.

LE NÉGOCIANT

Mon illustre ami, Pasquale Villari, il y a déjà bien longtemps de cela, opposait aux dix-sept millions d'illettrés dénombrés par le ministre de l'instruction publique, les cinq millions d'ânes découverts par lui ; c'était à l'époque où l'Italie ne comptait que vingt-deux millions d'habitants, et il les trouvait plus coupables et, surtout, plus dangereux que les premiers, et il avait raison !

Depuis cette époque, avec tant de nouvelles écoles, avec les lois sur l'instruction obligatoire. qu'on a si souvent chantées sur les places, dans les théâtres, en accommodant l'éternel motif d'*Excelsior*, le nombre des illettrés a diminué passablement. Mais le nombre des ânes a-t-il décru ?

Je ne le crois pas. Je crains bien, au contraire, qu'il n'ait augmenté !

Si je le crains, c'est parce que l'étude de la langue grecque n'a pas encore été supprimée dans l'enseignement secondaire.

Parce qu'on croit encore que l'on ne peut bien écrire la langue italienne si l'on n'a pas étudié à fond le latin.

Parce qu'on enseigne encore la philosophie dans les lycées.

Parce qu'on croit à la toute-puissance des examens pour préserver la société des ânes et des mulets.

Parce que l'académie de la Crusca vit encore.

Parce qu'on est toujours convaincu que le gouvernement peut remédier à la décadence des beaux-arts.

Parce qu'on exige du gouvernement toute sorte de choses, depuis la prospérité du commerce jusqu'à la destruction du phylloxera, depuis la sécurité publique jusqu'à l'immunité cholérique; depuis la richesse nationale jusqu'au beau temps.

Et enfin — ultime« parce que » — parce qu'on estime la profession de négociant et celle d'industriel hiérarchiquement inférieures à toutes les autres dites libérales.

Pour les ânes italiens le commerce n'est pas une profession libérale.

Pourtant, l'Angleterre qui est la nation la plus libérale de l'Europe civilisée en est aussi la plus commerçante.

Pourtant Florence, lorsque, dans une seule chapelle, elle baptisait trois hommes qui s'appelaient Dante, Michel-Ange et Galilée, enseignait au monde entier l'art du haut commerce.

Pourtant toute la société humaine ne repose que sur des actes de commerce, qu'il s'agisse d'argent, de services, d'idées, de territoires, d'influence.

Toi, ma fille, tu ne rougiras pas d'épouser un négociant, si tu en trouves un qui ait du cœur, de l'intelligence et qui n'ait pas honte d'acheter et de vendre, érigeant sa fortune et enrichissant son pays.

En cela du moins, tu n'en compteras pas parmi les ânes !

Le négociant aime, d'ordinaire, sa femme et ses enfants ; en pensant à eux, il s'élève en une atmosphère plus respirable, car la soif du gain tendrait à abaisser son niveau moral.

Quand il revient de son magasin ou de son comptoir, satisfait de la marche de ses affaires, et qu'il revoit ceux qui lui sont chers, il pense qu'il a travaillé pour eux et qu'ils lui devront l'accroissement de leur aisance, peut-être une grande fortune.

Comme il repose son regard calme et souriant sur la tête de sa douce compagne, sur les chevelures blondes qui l'entourent, quand il songe qu'il pourra bientôt faire à chacun d'eux une aimable surprise, et qu'ils la devront à son labeur, à son activité, à son industrieuse intelligence.

Si, au contraire, un jour, il s'est aperçu que ses affaires périclitent, si une faillite inattendue a donné quelque rude secousse à son bilan, il trouve, en rentrant chez lui, le sourire amoureux de sa femme qui le récompense de tout, car les pertes d'argent sont bien peu de choses quand nous sommes sûrs d'être aimés, — et cette vue lui permet de reprendre haleine, lui rend des forces pour lutter contre l'adversité et regagner le bien perdu.

***

Sans tourmenter ton mari par une inquisition quotidienne et minutieuse, inspire-lui confiance en toi afin qu'il te tienne au courant de ses affaires.

Beaucoup de fortunes sont dues à la sainte alliance de l'ardeur de l'homme avec l'économie de la femme, de la large compréhension des affaires avec l'étude minutieuse des détails.

Les femmes, quand elles se mettent à la tête d'une entreprise, réussissent presque toujours, et le négociant doit s'associer le tact fin, la prévoyance avisée, même la timidité de sa compagne.

Si tu avais la disgrâce de posséder un compagnon trop avide de richesses qui, par un travail excessif ou par une hardiesse trop entreprenante, voulut la conquérir, fais-lui de la morale, modère son désir de luxe et montre-lui que le bonheur n'a aucun rapport avec le chiffre des impôts directs ou indirects que l'on paye.

LE FINANCIER

Le financier est, lui aussi, un négociant; mais il fait commerce d'argent, et, comme c'est la marchandise la plus précieuse et la plus universellement répandue, il se trouve placé un échelon plus haut dans la hiérarchie, cet espèce de commerce exigeant, d'ailleurs, plus d'intelligence, plus d'entregent et, en certains cas, beaucoup de courage.

Le banquier peut aisément ouvrir à sa famille les portes de la fortune et, par ses relations élevées et multiples, procurer à sa femme une société variée, des plaisirs bruyants, toutes les facilités de vie mondaine.

Si tu aimes le repos et la solitude, si tu préfères n'avoir qu'un seul plat sur ta table, mais qu'il soit assaisonné du sel de la sécurité, n'épouse pas un banquier.

Dans la haute finance, les oscillations sont très fortes, et, si tu es riche aujourd'hui, demain tu peux te réveiller pauvre.

Il est difficile qu'un banquier ne laisse pas retomber sur les siens un peu des angoisses terribles qu'il traverse chaque jour en commentant les cours de la Bourse.

En ce siècle névrosé, le financier et l'homme politique plus que tous autres ressentent tous les chocs de notre monde ; ils se débattent chaque jour parmi les secousses galvaniques données par ceux qui voudraient le faire courir, sauter, et les rêves d'opium de ceux qui voudraient l'endormir dans les rêves du passé.

Arrange-toi pour ne pas laisser ton banquier seul sur les hauteurs vertigineuses de ses jeux.

Accompagne-le d'une pensée vigilante, de conseils prévoyants, enseigne-lui qu'il ne doit risquer que le superflu, laissant toujours intact le champ dans lequel il sème le pain et recueille le vin.

S'il est prodigue, sois avare, ne te dis pas à toi-même, par inertie, que les affaires de ton mari ne sont pas les tiennes et que tu n'as pas le droit de t'en occuper, ni l'intelligence suffisante pour le faire.

Si tu entends le tonnerre, si tu vois des éclairs dans le ciel, demande à tes amis, à tes connaissances si l'orage ne monte pas.

Combien moindre serait le nombre des malheureux, des ruines de familles, des suicidés étendus sur les dalles des morgues, si nous faisions à notre femme une part plus large dans notre vie cérébrale et active.

Nous ne la regardons plus comme une esclave : mais nous n'en avons fait qu'une affranchie, une petite bête gentille, domestiquée, qui nous distrait en s'amusant ; mais nous ne lui confions presque jamais nos affaires graves, car nous nous défions de sa discrétion plus encore que de son intelligence.

De cet injuste mépris nous sommes les premiers à supporter la peine, car la femme possède un sixième sens, une seconde vue qui lui permet de voir ce que beaucoup d'hommes de génie n'aperçoivent même pas, le petit côté caché des choses ; c'est aussi le *taret* qui rongera les pieds du colosse, un élément secondaire, mais qui suffira à détruire tout un organisme, à ruiner toute une affaire.

Je me suis souvent repenti d'avoir conclu une affaire sans en avoir parlé à ta mère ou à la mienne quand j'avais la suprême joie de la posséder encore. Jamais je n'ai regretté d'avoir écouté leurs paroles, leurs conseils avant de prendre une détermination importante.

J'avais pensé, réfléchi, médité ; j'avais examiné la chose en dessus, en dessous, avec la lentille du microscope, avec le scalpel de l'anatomiste, et je croyais avoir disséqué chaque fibre, mesuré chaque cellule ; et voilà que les yeux d'une femme, de but en blanc, sans prendre de délai, sans employer ni la loupe, ni le scalpel, apercevaient le côté faible et pourtant capital, de la question, celui, justement, que je n'avais pas soupçonné ! Et je ne l'avais pas deviné parce que j'étais un homme, et ta mère ou la mienne l'avaient découvert parce qu'elles étaient des femmes, et parce que la nature a donné aux femmes les yeux du cœur qui voient, plus exactement et sous leur vrai jour, les choses intéressant le bonheur ou la sécurité de ceux qu'elles aiment.

N'est-ce pas pour cela que la nature a divisé l'homme en deux moitiés, séparées dans les corps mais réunies par une espèce de courant d'attraction et d'amour ; deux moitiés qui ne peuvent vivre détachées qu'au prix d'une douleur, d'une atrophie de la vie commune qui est l'unique vie vraie et complète, celle qui construit des nids et crée des hommes.

Dans l'une des deux moitiés se tient la sentinelle vigilante, prévoyante, qui épie le péril, observe le frémissement du vent qui menace, de l'orage qui s'approche ; dans l'autre, on voit le poing qui s'apprête à un combat, offensif ou défensif.

Dans l'une, vous avez la timidité affectueuse qui explore le terrain couvert de ronces, écarte les pierres qui encombrent le chemin ; le sourire qui efface les rides nées de la pensée fatiguée, du doute torturant.

Dans l'autre, le courage qui ne mesure pas le péril, la pensée qui pèse les probabilités et les possibilités dans la balance du bien et du mal.

D'une part, les nerfs qui sentent, le cœur qui aime, la caresse qui calme, le baiser qui guérit : le système nerveux de l'humanité.

De l'autre, les muscles qui se contractent, la pensée qui voit loin, l'énergie qui éclate, l'héroïsme qui s'exalte : le système cérébral et musculaire de la famille humaine.

Ce n'est qu'en rapprochant ces deux parties, qu'en les soudant ensemble, par l'attraction cosmique ou divine qui est l'amour, que nous avons l'homme, l'homme vrai et entier, l'homme complet et heureux.

***

Si tu épouses un financier, qu'il possède un coffre-fort ! Mais toi, sois la clef qui le ferme.

L'INDUSTRIEL

Dans la hiérarchie que je me suis tracée pour mon usage et ma commodité, mais qui n'a aucun rapport avec celle de la chancellerie héraldique ni avec le fameux décret de Menabrea sur les préséances, lequel fait passer les professeurs au septième rang, je place l'industriel beaucoup au-dessus du négociant et du financier.

Le commerçant achète et vend, l'industriel produit.

Le commerçant prend d'une main et cède de l'autre, en s'arrangeant pour qu'au passage un bénéfice, le plus gros possible, reste entre ses mains.

L'industriel est un créateur, il pétrit la matière et lui donne une forme nouvelle, la travaille de ses mains, de celles de ses ouvriers, au moyen de ses machines, et quand il réussit à fabriquer un objet ou bien à produire plus vite et dans de meilleures conditions un objet connu, il s'enrichit tout en contribuant à la fortune de son pays.

Dieu veuille que tu épouses un industriel. Mais, dans notre pays, il y en a si peu, qu'il me semble assez difficile que tu en trouves un, qui soit digne de toi, à la façon dont je le comprends.

L'industriel doit être l'allié de ses ouvriers et non pas un parasite du travail d'autrui, il doit être pour eux un ami et non pas un tyran.

Chaque jour, à chaque heure du jour, il doit se rappeler que le grand problème de l'association du capital et du travail n'est point résolu, et que ce sont les industriels, les premiers, qui doivent concourir à sa solution équitable et prompte.

Toi, ma chère fille, si ton mari est industriel, tu le persuaderas qu'il lui faut être socialiste, s'il ne veut vivre de vols et provoquer les périls d'une révolution sociale.

Que les chefs d'industrie n'attendent pas du Parlement la solution des problèmes sociaux. Qu'ils les résolvent eux-mêmes.

Qu'ils appliquent la participation de leurs ouvriers au travail, comme en Toscane et dans d'autres pays, où on l'a déjà sagement et humainement appliquée à cette autre industrie qu'on nomme l'agriculture.

LE PROPRIÉTAIRE

C'est un bon mari, à condition qu'il ne se contente pas de posséder, mais qu'il s'occupe lui-même de ses terres, les cultive, les aime et s'ingénie à porter un peu de la lumière de la science dans les ténèbres profondes de l'empirisme villageois.

Si au contraire le propriétaire ne visite jamais ses propriétés, s'il les afferme et se contente d'en manger les rentes dans le farniente de la ville, il tombe dans la catégorie des oisifs et l'on ne peut dire de lui qu'il exerce une profession.

Aussi souvent que tu le pourras, accompagne ton propriétaire dans ses terres et conseille-lui d'y aller fréquemment, très fréquemment.

Quelle santé physique et morale acquerrait notre société névrosée et neurasthénique, si tous ceux qui possèdent un arpent de sol, le labouraient et l'ensemençaient ; s'ils allaient cultiver les plantes qui s'épanouissent dans les prairies, cueillir de leurs propres mains un fruit mûri dans leurs champs, que ce fruit fût une figue tardive ou une mûre de haie.

As-tu jamais senti l'odeur de la terre quand, après une longue sécheresse, elle boit les premières gouttes de pluie et les absorbe avidement, avec l'anxiété voluptueuse que cause une longue soif.

Pour moi, parmi tous les parfums, c'est le plus cher, le plus aimé, le plus pénétrant. Il ne chatouille pas seulement mes narines au passage, mais il descend lentement, lentement au fond de mon cœur et de mes entrailles, et je me sens, moi aussi, redevenir humus, — comme je le fus avant de naître. Il me semble boire aux premières sources de la vie, être transformé en une de ces masses molles et minces de racines et de radicelles qui pompent les forces de la planète, pour en faire le pain, le vin, le parfum des fleurs et les os des squelettes.

Mais en d'autres moments, je me sens la partie vive de la terre, comme lorsque j'aspire voluptueusement le parfum du sol s'imprégnant l'eau du ciel.

Va boire le plus souvent possible ce parfum, en compagnie de ton mari, fais-le boire à tes enfants, emporte-le avec toi dans ta maison, dans ta ville, comme un tonique amer qui aiguise l'appétit et refait le sang.

L'amour de la terre est la plus salubre, la plus chère des affections, et en le cultivant chez ton compagnon, tu accompliras une œuvre sainte; en portant dans la chaumière des paysans la tendresse de ton cœur de femme, en mettant à leur portée la science agricole de ton époux, tu feras plus et mieux, pour le bonheur de ta patrie, que tous les législateurs passés et présents avec leurs lois sociales, qui me font rire et demeurent dans les archives des parlements comme des monuments insignes de notre ânerie sentimentale, de notre *vaniloquence* parlementaire et journalistique, de cette fausse philanthropie qui, avec l'aumône et le relèvement ou l'abaissement des droits d'entrée ou de sortie, croit ou espère résoudre le grand et terrible problème de la question sociale.

L'ARTISTE

A moins qu'un artiste ne soit un homme de génie ou qu'il ne possède un cœur d'ange, ne l'épouse jamais.

S'il est médiocre, il est le maudit des maudits. Portant la tête dans les nuages, à la recherche sans trève d'un idéal qui lui échappe, des pieds, il patauge dans la misère avilissante, dans l'envie qui torture l'âme, dans l'ennui chronique qui corrode les germes de la vie.

L'artiste médiocre accuse tout le monde, excepté lui-même, de son impuissance. Il aime le beau comme les eunuques les femmes, et poursuit la gloire dans les chemins de traverse du procédé, où la gloire n'a jamais mis les pieds.

Il se lamente comme un génie incompris, sans être un génie, et devient mauvais comme s'il était toujours et, tout à la fois, harcelé par toutes les mouches, toute la vermine, tous les moustiques qui grouillent sur notre planète. Il rapporte chez lui tous ces parasites qui le mordent, qui le piquent de tous les côtés, et leur donne en pâture sa femme, ses amis et tous ceux qui l'entourent.

Il vit dans un *lamento* continuel, se plaignant

chaque jour, à chaque heure, de l'injustice des hommes qui ne le comprennent pas, des amateurs qui n'achètent pas les fœtus sortis de ses pinceaux maladroits, de son ébauchoir ébréché. Il maudit Raphaël, trouve Michel-Ange ridicule, se met au rang de Galilée, condamné par l'Inquisition, et de Colomb, tourné en dérision par les moines espagnols. S'il parle des autres artistes plus heureux, il les couvre de la bave empoisonnée de sa jalousie gluante, de ses rancœurs hystériques.

C'est un malheureux méchant, un avorton qui se permet de vivre et qui concentre toute sa vie dans une plainte et une malédiction.

Même l'artiste de génie, même l'artiste couronné par la gloire est un mari dangereux et, si tu es jalouse, ne l'épouse pas.

Sa première maîtresse est l'art, et tu passeras toujours après elle. Par nature, aussi, il est polygame et, par choix, peut difficilement se contenter d'aimer une seule femme et de l'entourer de toutes ces tendresses qui sont nécessaires à la femme comme le pain, comme l'air qu'elle respire.

Pense aux modèles qu'il doit étudier nus, seul à seul, dans le secret de l'atelier, pense à toutes les belles dames, qui si facilement s'éprennent de lui et qu'il doit admirer de près, si souvent, si intimement.

Tu es belle, tu es jeune, mais tu n'es qu'*une*

femme et tu ne peux avoir toutes les beautés dont il a besoin pour assouvir l'insatiable soif esthétique qui le dévore et le consume.

Si j'étais un artiste, je n'aurais eu que l'art pour amante et pour femme, et je serais mort vierge ou au moins chaste comme Canova ou Michel-Ange.

L'INGÉNIEUR

La profession d'ingénieur exerce sur le bonheur conjugal une influence très obscure et fort difficile à définir.

D'un coup d'aile, l'ingénieur s'élève au-dessus du monde de notre activité humaine, assez haut pour apparaître sous les aspects les plus variés.

Quand il se contente de dénombrer au moyen de ses petits piquets des files de mûriers, ou de mesurer la superficie des champs, des prés, des forêts, c'est un simple arpenteur.

Lorsqu'il s'assied dans les fauteuils d'une administration de chemin de fer, il n'est qu'un employé qui reste à son bureau ses sept ou huit heures par jour et possède pour sa femme tous les avantages et tous les ennuis d'un soliveau.

Si, au contraire, il s'élève à la dignité de constructeur de chemins de fer, de ponts, c'est presque un artiste et souvent un savant.

Grattoni, Sommelier, Watt, Fulton furent des ingénieurs; Eiffel en est un aussi, et aussi de Lesseps. et tous passeront à l'immortalité, tous auront leur statue.

Le présent est aux ingénieurs, l'avenir très prochain ou bien éloigné est à eux, un horizon grand comme le monde, haut comme la voûte des civilisations futures leur est ouvert.

C'est pour cela que si ton prétendant, en outre de son diplôme d'ingénieur, est très intelligent, tu pourras goûter une grande aisance; peut-être la gloire et la richesse.

De toutes les espèces d'ingénieurs, toutes circonstances égales d'ailleurs, choisis celle qui oblige ton mari à de nombreuses absences.

Tu échapperas ainsi aux périls de l'uniformité ennuyeuse de la vie, si voisine de la monotonie, de l'ennui, du refroidissement lent et inévitable de l'amour; et tu goûteras autant de petites lunes de miel qu'il y aura de retours de ton compagnon.

Si ton mari parle de ses projets, de ses entreprises, s'il te montre ses dessins, ne dis pas que tu es profane dans toutes ses études. Montre-lui que tu t'intéresses à ses travaux.

Tout travail viril, pour être joyeux et fécond, doit être accompagné de l'ombre de la pensée féminine. La femme doit toujours être notre compagne dans toutes nos pensées, dans tous les travaux de nos mains ou de notre cerveau. Elle est le sel de notre nourriture, la poésie de chacune de nos œuvres.

LE MÉDECIN

La femme qui prend pour mari un médecin doit l'aimer non pas une, mais trois fois, car sa profession est pleine de périls pour le bonheur domestique.

Si tu es jalouse. tremble sans cesse pour la fidélité de ton compagnon. Les occasions de pécher sont trop fréquentes pour lui et trop grande l'impunité qui les couvre. Tu dois l'estimer beaucoup, infiniment, tu dois être plus que sûre de son amour pour n'être pas dans une continuelle inquiétude.

De jour, de nuit, à tous instants il peut être mandé hors du nid conjugal, et pourtant tous les appels ne seront pas lancés par de vrais infirmes; il y en a qui n'ont de malade que le cœur.

Il peut aussi quitter la ville qu'il habite, appelé par des télégrammes qui ne sont pas toujours l'expression de la vérité.

Si, sur certaines choses, tu es très délicate, tu devras te résigner avec douleur à des récits qui ne sentiront pas toujours la rose.

Ton pauvre mari vivra continuellement parmi les plaies et les douleurs, laissant le lit d'un agonisant pour soigner un cancéreux; il peut puer l'iodoforme ou l'acide phénique; involontairement, à table, il t'arrivera de penser que ses mains qui pèlent un fruit pour te l'offrir, une heure auparavant fouillaient les viscères d'un cadavre ou opéraient une tumeur.

Songe d'abord à ces dangers, si tu es trop dégoûtée ou si tu as l'imagination trop ardente.

N'épouse jamais un médecin de peu d'intelligence ou de peu de culture et qui serait contraint de vivre dans le marais de la médiocrité.

En art médical il n'y a de bonnes places que les loges de premier ou de second rang. Le parterre est une prison et le poulailler un bagne.

La guerre entre collègues, l'ingratitude et les exigences des malades, le milieu de douleur dans lequel on doit vivre, font de notre art le plus difficile et le plus épineux, et nous ne pouvons prétendre à un air plus respirable que si l'amour de l'humanité nous réchauffe et si nous avons le droit d'aspirer à la gloire.

C'est alors que Clotilde, jeune et belle, peut-être heureuse de devenir la maîtresse et la compagne du docteur Pascal; c'est alors qu'une femme de cœur et d'esprit peut s'enorgueillir d'être la femme d'un médecin.

Beaucoup de femmes qui, dans leurs rêves de jeunes filles désiraient être doctoresses ou sœurs de charité, trouvent en épousant un médecin un chemin indirect vers la réalisation de leurs rêves généreux.

Elles sont fières et heureuses d'accompagner de leurs pensées et même de leurs œuvres, leur compagnon, dans cette mission de sacrifice continu, de travail quotidien, qui est souvent un apostolat et presque toujours un martyre. Elles sont heureuses de le réconforter quand lassé de l'ingratitude des hommes ou de l'impuissance de la science, il rentre chez lui, l'amertume au cœur, les larmes aux yeux.

Combien de fois ta bonne mère ne m'a-t-elle pas donné le courage qui me manquait pour continuer mon chemin; combien de fois ne m'a-t-elle pas montré le but lointain et glorieux, et n'a-t-elle pas réussi à me faire bénir la profession que j'avais librement embrassée et qui, durant les premières années que je l'exerçais, me semblait un calvaire, où je n'avais d'autres compagnons que les tribulations et les épines, et au sommet duquel je n'apercevais qu'une croix!

Non seulement elle s'occupait de moi, mais de mes malades; elle m'accompagnait souvent dans mes visites aux pauvres, dans les chaumières de la campagne et dans les bouges asphyxiants des villes, où, plus encore que les secours de l'art, je devais porter le réconfort de la pitié, l'assistance de la charité.

Elle était, pour moi, l'ange consolateur dans ma maison et mon associée dans les œuvres charitables du dehors; on me bénissait pour ses bienfaits et moi je bénissais mon art si difficile, si obscure, si contrecarré par toutes les misères physiques et morales du pauvre bipède humain.

Elle avait réussi à cultiver en moi l'amour des choses difficiles que j'avais reçu de la nature; et, à chaque obstacle que je rencontrais, à chaque coup de pied que me lançaient sournoisement mes confrères, à chaque brutale grossièreté de mes malades, je trouvais en elle une parole réconfortante, une nouvelle caresse, un nouvel élan de son cœur généreux.

Il est arrivé enfin que le contrepoison qu'elle me prodiguait m'a semblé si doux, que je désirais une nouvelle douleur, pour en être récompensé dans le tendre nid de mon foyer d'une caresse plus douce, d'un encouragement plus précieux encore :

« Mais n'aimes-tu donc plus les choses difficiles ? Pour ton honneur tu as choisi le plus ardu, le plus épineux de tous les arts; c'est justement ce qui fait ta noblesse, et d'autant plus haute et plus glorieuse sera la récompense que le contraste aura été plus dur et la lutte plus ardente. Au bout du chemin tu trouveras la plus grande des satisfactions humaines, celle d'avoir réuni autour de toi tant de bénédictions; celle d'avoir fait taire de si grandes douleurs humaines, d'avoir sauvé tant et de si précieuses existences, d'avoir doté la science ava[illegible], de nouvelles découvertes, de nouvelles inventions, de nouvelles ressources. »

Et ta bonne mère avait raison parce que la succession facile d'une vie sans contraste, d'une lutte sans adversaire acharnés, si elles ne procure pas de fortes douleurs, nous prive aussi des joies les plus chaudes et les plus grisantes.

Peu de travail, peu de douleur et peu de joie. — Beaucoup de travail, beaucoup de fatigue, mais aussi un plaisir indicible.

Nous n'avons pas fait le monde, et nous devons l'accepter tel qu'il est ; mais il est écrit que le triomphe ne s'acquiert que par la lutte. Si on renonce à lutter, on doit aussi renoncer aux trophées de la victoire.

Je t'ai montré dans la profession de médecin les deux faces de la médaille ; elles présentent entre elles un plus fier contraste que dans n'importe quelle autre position sociale.

Il t'appartient de bien regarder, de bien examiner si tu te sens le courage d'affronter le mal avec l'espérance de recueillir le bien. Quoiqu'il en soit, n'épouse jamais un médicastre.

L'AVOCAT

Si l'on me demandait quelle est la nation la plus morale, je répondrais sans hésiter :

— Celle qui compte le moins d'avocats, non seulement parce qu'ils symbolisent l'immoralité d'un peuple et sont obligés de vivre parmi les voleurs, les assassins, les faussaires et toutes les variétés de l'homme criminel, mais parce qu'ils ne peuvent vivre que de l'immoralité d'autrui. Ce sont les bacilles dela corruption sociale.

Une société saine n'aurait pas besoin de médecins. Une société idéalement morale n'aurait pas besoin d'avocats, de gendarmes ni de soldats.

Tous ces bacilles d'un monde physiquement et moralement malade disparaîtront d'une société future plus saine et plus morale que la nôtre. Je mourrai dans cette conviction; toi,tu la transmettras à tes fils.

Cependant, et tandis que nous regardons avec les yeux de l'espérance vers un avenir meilleur et très lointain, nous avons des avocats, nous en avons beaucoup trop, nous en avons tant que la *materia peccans* n'étant pas suffisante pour qu'ils vivent, et que jugeant en outre que l'immoralité publique est insuffisante pour leur permettre de se substanter et de prolifier, ils fabriquent eux-mêmes la pâte des procès et des causes, envahissent le champ de la politique, y portent leurs spores et leurs microbes.

Oh! pourquoi après tant de lois draconiennes, après tant d'ostracismes injustes de nos incompatibilités parlementaires, n'avons-nous jamais eu un ministre assez sage et courageux pour proposer d'exclure les avocats du Parlement.

Pourquoi?

Parce que les ministres de l'intérieur sont presque tous des avocats, parce que les députés sont pour le plus grand nombre des avocats, et que le suicide est un crime!

Et pourtant, cette sage exclusion suffirait à moraliser le milieu parlementaire, à assainir et à prolonger la vie de notre parlementarisme mourant.

Mais, mon trésor, je ne dois te parler de l'avocat que comme d'un mari possible; or les avocats sont nombreux et eux-mêmes, comme tous les galants hommes, ont le droit de se marier.

Le barreau, en soi-même, exerce une très faible influence sur le bonheur conjugal.

L'avocat, généralement, est un homme cultivé, expert dans les roueries humaines, en outre, éloquent, et qui, même en amour, manie bien les armes de la parole: le sophisme, le syllogisme.

Il a pourtant une facile tendance à changer la vérité en mensonge, puisqu'il doit argumenter également bien à la barre, et qu'il lui faut, par profession, persuader les autres de ce dont il n'est pas convaincu lui-même.

C'est naturellement question d'art, et qui laisse intact le fond du cœur. Un avocat doit défendre un voleur, un meurtrier, un faussaire; mais il n'approuve pas, pour cela, dans son cœur, le vol, le meurtre ou le faux.

Il est comme l'acteur dramatique qui ne devient pas un tyran parce qu'il représente Louis XI, ni un brouillon parce qu'il a tenu le rôle de Rabagas.

Cette gymnastique continuelle, pourtant, ce perpétuel maniement du sophisme, cette élasticité excessive, cette habileté à rebondir sur le tremplin de l'éloquence, tendent involontairement à abaisser en lui la conscience du bien et du mal et à les confondre quelquefois, puisque l'avocat doit passer sans cesse de l'un à l'autre dans ses attaques et dans ses défenses.

Défie-toi donc, un tantinet, de l'éloquence des avocats quand ils la déploieront pour te faire une déclaration d'amour; ne l'accepte que sous un large bénéfice d'inventaire. Cherche, en somme, à découvrir l'homme sous l'avocat et, si celui-là veut mieux que celui-ci, réforme mon jugement peut-être trop pessimiste, et dont est responsable une douloureuse expérience qui m'a contraint à pratiquer les avocats plus que je ne l'aurais souhaité.

Bien des avocats, même parmi les plus habiles préparateurs d'effets d'audience, même parmi les plus ingénieux compilateurs de notes longues et pesantes pour leurs clients, quand ils vont rentrer au foyer familial sont enchantés de déposer toque et arguties au vestiaire du tribunal.

Entre les baisers d'une femme adorée et le sourire de leurs enfants, ils aspirent à pleins poumons l'atmosphère de la vérité vraie, de celle qui ne se plie pas aux exigences des *Pandectes* ou des plaideurs.

Là, ils n'ont pas besoin de préparer de fins et compliqués assemblages de *si* et de *mais*, ni de recourir à la réticence pleine de malice, encore moins d'éblouir le public par un feu d'artifice de rhétorique, de fausses larmes ou de dédain à froid.

Là aussi, l'avocat aime et veut être aimé. Là, sans robe, il est heureux de redevenir un homme, lui, aussi, rien qu'un homme.

LE LITTÉRATEUR

J'aurais pu mettre le mari littérateur à côté du mari artiste, avec lequel il a une foule de traits communs; mais comme il possède des caractères propres et que, d'autre part, beaucoup de littérateurs ne sont pas des artistes, je lui ai réservé une mention particulière.

Ce que l'artiste de la plume a de commun avec ceux qui manient le pinceau ou l'ébauchoir, c'est l'absolue prohibition d'être médiocre, à moins de se résigner à toutes les humiliations et à toutes les misères que d'une main si féconde sème la médiocrité.

On peut et on doit manger fréquemment du pain, si mauvais soit-il, parce que le pain est nécessaire ; mais l'art est un objet de luxe, et le luxe doit briller de toutes les splendeurs du beau et du grand.

Les poètereaux, les écrivaillons, les petits auteurs sont les nains de la pensée, les rachitiques de l'art et ne peuvent inspirer que la compassion quand leurs embryons n'ont pas pour résultat de provoquer le rire.

Autrefois faire un livre paraissait à tous une entreprise héroïque. On y pensait un an, au moins, avant de se mettre au travail; on employait de nombreuses années à l'écrire, et — après combien d'incertitudes et de craintes sans fin? — on osait se lancer sur la mer tempétueuse de la publicité.

Aujourd'hui, on pond un bouquin au petit bonheur, comme on joue une partie de dés, et les auteurs naissent par centaines, par milliers, avec une fécondité orgiaque, inépuisable.

Vers, romans, journaux pullulent dans les allées du jardin des ânes ou dans le champ de l'ignorance universelle, les bulletins bibliographiques font volumes; la critique n'a même plus la peine d'envoyer tous ces fœtus, tous ces embryons au cimetière, parce que d'eux-mêmes ils se tuent et s'ensevelissent.

La loi universelle est que la mortalité est en rapport direct de la fécondité et que, dans les familles où il y a trop d'enfants, le fossoyeur et le prêtre ont beaucoup à faire.

N'épouse donc jamais un littérateur médiocre.

Tu souffrirais du manque de pain et de la faim de la gloire, plus cruelle encore.

Pourtant chez nous les conditions de la littérature sont encore si misérables, et les écrivains de génie, qui peuvent vivre de leur seule plume. sont si peu nombreux en Italie, qu'on pourrait les compter dans la main. Eux-mêmes ont traversé un long et douloureux martyre avant d'atteindre à la gloire et à la fortune.

Le plus grand nombre, parmi les meilleurs, est forcé de solliciter une chaire ou de donner de la copie à un journal, pour joindre décemment les deux bouts.

Le littérateur apporte au sein de sa famille plus de fleurs que de fruits; mais aussi ces fleurs sont grandes et belles; tu passeras des heures douces et poétiques quand ton compagnon te lira, tout ému, les dernières pages de son livre, encore chaudes de l'amour avec lequel il l'a créé, et qu'il épiera dans tes yeux l'émotion et l'applaudissement.

Sa culture apportera dans la conversation de la famille un haut idéal et, toi et tes fils, vous respirerez un air parfumé de printemps; peut-être même trouverez-vous que les joies les plus grandes de la vie sont toujours celles qui coûtent le moins, mais qui naissent de toutes les poésies de la pensée, de toutes les extases du sentiment.

Epouse donc un littérateur, mais qu'il ait du talent.

LE SAVANT

Le savant a toujours été un précieux béjaune entre les mains des romanciers et des auteurs dramatiques. Le grand Balzac l'a même classé parmi les prédestinés.

Le savant ancien modèle est pourtant disparu, du moins il est en train de disparaître; encore quelques années, et l'anthropologiste devra le cataloguer, dans son *Systema hominis*, sous cette étiquette : *espèce éteinte.*

C'était un homme souvent ridicule, presque toujours distrait, qui ne s'occupait d'autre chose que de ses insectes ou de ses plantes, de son laboratoire ou de ses médailles, et pour qui le reste du monde n'existait pas.

Il prenait femme par raison d'hygiène ou pour avoir quelqu'un qui s'occupât de sa maison, et croyait, comme article de foi, que la femme doit être fidèle à son mari, lorsque celui-ci ne lui est pas infidèle.

Homme béat si jamais il en fut, homme unique, il ne rendait pas heureux, cependant, ceux qui vivaient autour de lui. Instrument monocorde et qui ne sonnait qu'une seule note, il ne pouvait jouer sa partie dans aucun orchestre, pas même dans le plus modeste trio.

Aujourd'hui, l'on cultive la science sans oublier que l'on est un homme et que le fait d'appartenir à la société humaine vous impose le devoir d'être poli, courtois avec tous, galant envers les femmes.

Aujourd'hui on peut être membre d'une foule d'académies sans être ennuyeux ; on peut occuper une des chaires les plus élevées et les moins populaires de la science sans être un pédant. On peut mesurer les antennes d'un insecte, la longueur d'un microbe, les angles d'un cristal ou le diamètre du soleil, sans croire que le monde cesse aux brèves limites de notre étude.

La vie moderne a pour caractère principal de s'étendre dans tous les sens, en haut, en bas, à droite, à gauche, dans l'angle le plus obscur et dans les mines les plus profondes. Où respire un homme, où soupire une femme, la pensée de tous pénètre, s'infiltre, et chacun peut s'enfuir par ce courant qui circule le long des fils télégraphiques dans le monde entier, qui vibre à chaque page des livres et des journaux.

On a rasé tant de murailles, on a détruit tant de barrières, qu'aujourd'hui il est impossible à un homme de demeurer isolé et de vivre uniquement de sa vie propre.

Un philosophe ancien désirait que les maisons fussent de verre pour que rien de la vie privée ne pût nous échapper. Nous avons fait quelque chose de plus et de mieux, et dépassé de beaucoup son rêve. Nous avons fait pénétrer dans toutes les maisons la vie de la famille humaine, et, sans détruire l'individu, nous en avons fait un membre vivant, palpitant de l'organisme humain.

C'est pour toutes ces raisons que le savant peut être un très bon mari. Il l'est beaucoup plus souvent que l'artiste ou le littérateur.

Ses études sont fréquemment arides et stériles. S'il n'est pas un Newton ou un Lavoisier, un Linné ou un Darwin (et un seul de ceux-ci suffit à un siècle)le fruit de ses travaux, longs et arrosés de sueur,est souvent très mince.

C'est chose triste lorsque le savant ne possède pas la passion ardente, insatiable du vrai, s'il s'égare dans des chemins tant de fois parcourus sans y rien rencontrer que la triste et fréquente nécessité de faire demi-tour et de revenir sur ses pas.

Malheur à lui s'il n'aime pas ses insectes, ses plantes, ses médailles comme ses meilleurs amis, presque comme des parents. Nous n'aurions alors aucun savant en ce monde!

Pour toutes ces raisons, justement, lorsqu'il rentre chez lui après une journée passée dans son musée ou son laboratoire, il est avide de tendresse et de poésie; de quelque chose de parfumé et d'agréable, qui le repose de son long travail et l'emporte dans un monde nouveau.

Et cela, il le trouve en sa douce compagne, en ses enfants qui crient et qui rient.

Le savant peut être également rangé parmi les maris les plus fidèles, car il n'a ni le temps, ni le courage de rechercher l'occasion de pécher.

LE POLITICIEN

Si tu es ambitieuse, ma fille, épouse un homme politique. S'il est intelligent — il n'est pas nécessaire qu'il le soit beaucoup — s'il est surtout habile, il élevera ta situation jusqu'aux vivats de la foule, il fera commerce de décorations et de galons dorés, et les billets de banque ne lui manqueront pas.

Si, au contraire, tu aimes la quiétude, la modestie heureuse dans une maison, où n'entre pas la séquelle des faméliques pas plus que les pierres jetées par les mécontents, n'épouse pas un politicien.

C'est un soldat qui ne se résigne pas à demeurer dans le rang. Dans les cas d'extrême modestie, il prétend être sous-lieutenant au moins, mais, presque toujours, il aspire à la plume blanche des généraux en chef.

Intelligence, ruse, culture, finesse d'observation et transactions de conscience, toutes les armes, bonnes ou mauvaises, sont appropriées à sa main; il les emploie pour conquérir et persuader. Si, par l'un de ces moyens, il peut contribuer à la grandeur du pays, tant mieux. Il deviendra général sans perdre le glorieux titre de patriote.

La politique étant l'art de gouverner un pays, touche à tout et à tous; par conséquent, nous devons tous être un peu des hommes politiques par amour du pays; ne fût-ce que dans la modeste mission d'électeur municipal.

Et comme la politique touche à tout et à tous, il arrive qu'elle va de l'un à l'autre pôle de l'énergie humaine, du martyre des héros au gibet du criminel, du ciel de l'ange à l'enfer du démon, de l'arc de triomphe au bagne du forçat.

Voilà pourquoi l'homme politique est souvent — et devrait toujours être — un soldat, tandis que, trop fréquemment, il n'est qu'un bandit.

Soldat et brigand manient les mêmes armes, mais avec cette très simple différence que le premier défend la loi et la patrie, et que le second lutte pour son propre intérêt.

Dans un parlement, fût-ce le meilleur de tous, bandits et soldats sont confondus. Vêtus de la même manière, ils siègent sur les mêmes bancs, trop souvent votant ensemble, confondant chaque jour et brutalement, aux yeux du populaire, la notion du bien et du mal, le sacrifice de ses intérêts à ceux de la patrie et celui de la patrie à ses intérêts.

Le Christ entre les deux larrons est une image fidèle d'un banc parlementaire et même ministé riel. Dans les cas les plus favorables, nous trouvons un larron entre deux Jésus.

Si tu exerces une influence sur l'esprit de ton mari, homme politique, élève son cœur sans aiguillonner son ambition.

Chez le mâle humain, elle n'a presque jamais besoin d'excitants, souvent, au contraire, les calmants lui sont nécessaires.

La mission de la femme est donc d'être la Vestale de notre idéalité, de notre honnêteté politique, qui ne fait qu'un bloc avec notre honnêteté privée. Une distinction sacrilège est celle des deux honnêtetés, et j'ai toujours bondi en entendant cette phrase qui juge un homme :

« C'est véritablement un honnête homme dans la vie privée, mais en politique... »

La somme de beaucoup d'honnêtes gens fait une nation honnête.

Le total de quelques coquins suffit à la déshonorer.

Là où naît une épidémie panamiste ou pot-devinesque, le pays est profondément malade, et si l'on ne pratique pas l'amputation à temps, la gangrène sèche envahit tout l'organisme et la nation meurt.

Puisqu'aucune force ne se détruit, la femme, dans le modeste cercle de la famille, peut et doit être une énergie qui assainit la nation, lui infuse un sang nouveau, active sa vigueur morale.

Que ton mari soit maire ou député, sénateur ou

ministre, il faut que tu sois fière de son honnêteté, avant que de l'être de son intelligence, de sa loyauté, avant que de l'être de son autorité. Suis-le avec les yeux vigilants d'une affection qui aime mais ne transige pas, avec un cœur qui s'attendrit mais ne tremble pas à l'heure de Gethsémani, quand la conscience lutte dans les ténèbres contre l'ambition ou la soif de l'or.

LE SOLDAT

A priori, il semblerait que le soldat dût être le pire de tous les maris. Habitué à imposer et à subir une discipline de fer, vivant toujours dans un milieu artificiel, en dehors de cette société au sein de laquelle nous respirons et poursuivons notre chemin, adulé des femmes parce qu'il représente la force et qu'il est vêtu d'un bel uniforme, obligé, à tout bout de champ, de changer de garnison, il devrait être un mauvais mari.

L'expérience, au contraire, qui ne raisonne pas, mais nous livre, tels quels, les fruits de la nature, nous dit que le militaire est le meilleur de tous les maris, toutes circonstances étant égales d'ailleurs.

Je me suis demandé souvent d'où viennent toutes ces contradictions entre ce que suggère la théorie et ce qu'enseigne la pratique, et je confesse pourtant que, si perçants que fussent mes regards, si loin que j'aie porté la lumière dans cette région de la psychologie, je suis resté avec le désir de savoir et avec une foule d'hypothèses en tête ; autant vaudrait une pincée de mouches dans la main.

Que Vénus ait été toujours, soit et doive être amoureuse de Mars, c'est facile à comprendre et inutile à expliquer, puisque poètes, philosophes, psychologues (ce qui n'est pas la même chose) et romanciers, ont exercé leur plume et leur pensée sur ce sujet.

Mais Mars n'est pas marié, mais être sa maîtresse est tout autre chose que d'être sa femme ; et le Mars moderne, qu'il s'appelle lieutenant de vaisseau, capitaine de chasseurs ou commandant du génie est presque toujours un excellent mari.

Ne serait-ce pas parce qu'étant militaire, il a connu les vulgaires amours des places de guerre, les faciles aventures des garnisons de passage, ne serait-ce pas parce qu'il a aimé beaucoup de femmes, en somme, qu'il désire connaître et aimer une femme ?

Ne serait-ce pas parce que le soldat est toujours un homme choisi, entre beaucoup d'autres, parmi les plus beaux, les plus forts, les plus mâles ?

Ne serait-ce pas parce que la vie artificielle et réglée qui l'opprime, qui le pourchasse pendant toutes les heures de la journée, lui fait éprouver plus vivement le besoin d'un foyer, sans autre règlement que celui de l'amour, sans rien autre au tableau de service que les caresses quotidiennes.

Ne serait-ce pas parce que le foyer est le meilleur antidote de la caserne, et le dîner en famille la récompense de tant de repas pris au mess?

Ne serait-ce pas parce que le militaire, habitué à faire son sac, à veiller à l'entretien de ses effets, à les tenir en ordre et dans le plus grand état de propreté, est une sorte de bonne ménagère et, qu'apportant toutes ses habitudes et son tour de main dans la famille, il est par cela même un excellent mari?

Ne serait-ce pas parce qu'obligé, toujours, d'appliquer une discipline très dure et de faire le croquemitaine par force, il est heureux d'abandonner, dans sa famille, les rênes du commandement, et de se montrer complaisant et tendre pour sa femme et ses enfants.

Pour laquelle de ces raisons, la femme qui épouse un militaire a-t-elle le plus de probabilités d'être heureuse?

Peut-être pour aucune d'elles exclusivement, mais pour toutes réunies.

***

Du reste, la raison des choses excite, éperonne notre envie de la connaître; mais la connaître n'est pas toujours nécessaire; pour le plus grand nombre des hommes, même, elle est inutile.

Les plus grands problèmes de l'univers et de la vie sont tous obscurs, et cela ne nous empêche pas de cheminer toujours plus avant dans la voie du progrès, de changer les sauvages anthropophages en hommes civilisés qui s'habillent, dissimulent les misères animales de l'existence, conversent par le téléphone et voyagent en chemin de fer.

Contentons-nous donc de dire que le soldat est presque toujours un excellent mari, et laissons à nos descendants le soin d'en trouver le motif. Ce sera avec le riche héritage des *pourquoi*, des *comment*, des *quand*, un des nombreux x que nous léguerons à nos fils afin qu'à leur tour, ils le transmettent aux petits-neveux de leurs neveux les plus éloignés.

AUTRES CONSEILS D'UN PÈRE

SUR LE CHOIX D'UN ÉPOUX

Ma chère et douce petite fille, je voudrais que tu oubliasses tous les conseils que je t'ai donnés jusqu'ici pour ne te rappeler que celui-ci, qui les domine tous de toute sa haute importance, qui les enveloppe tous, comme une mère qui, d'une seule étreinte, embrasse tous ses enfants.

Ce conseil, le plus important de beaucoup et le plus grave, se résume, tout entier, en une seule ligne :

Mieux vaut rester fille toute la vie que de se mal marier.

***

Malheureusement, en notre temps, on croit et l'on fait tout le contraire.

Rester fille est considéré comme un affront, et l'on se marie médiocrement, quand on ne peut se bien marier; mal, quand on ne peut se marier médiocrement.

— Un mari ou la honte!

Naturellement, on choisit le mari.

L'époux est laid, antipathique, ægrotant ou stupide. A quarante ans, il n'a pas su encore se faire une position, on le dit coureur, joueur, fainéant. Il est vieux et cacochyme. Ses parents sont tarés! Qu'importe! — C'est un homme, mieux encore, un mari.

Vienne l'homme répugnant, le vieillard, le libertin, le fainéant, plutôt que la honte de coiffer sainte Catherine.

Le voyage est long; plus tard, on réglera les comptes.

***

Rien de plus bête, de plus faux, de plus immoral que ce dilemme, conséquence à la fois de tout un long passé d'éducation fausse et de fausse morale; fruit d'une plante poussée dans le terrain des préjugés les plus rances et de l'ignorance la plus crasse de la dignité humaine, de ses droits, de ses devoirs.

***

En Angleterre, en Amérique, un peu moins en Allemagne, en Russie, en Hollande, par libre choix, beaucoup de femmes ne se marient point, et non pas parce qu'elles sont bossues, louches ou boiteuses.

Elles n'ont pas eu le bonheur de rencontrer, dans les sentiers de la vie, l'homme selon leur cœur, et sont restées filles.

Elles n'en sont pas plus malheureuses, se suffisent à elles-mêmes et consacrent leur vie à l'une de ces œuvres si nombreuses, ports vers lesquels nous pouvons diriger notre barque.

Notre pays, je te le dis en toute certitude, est l'un des plus arriérés à cet égard, et nous maintenons toute sa vigueur à l'ancien préjugé qui veut que « vieille fille » soit synonyme de *paria* du sexe féminin.

Ce préjugé ira perdant, peu à peu, de sa force en même temps que la civilisation croîtra et que nous ferons l'éducation des femmes de manière à ce qu'elles puissent suffire à elles-mêmes et à leur bonheur.

C'est ainsi que je t'ai élevée, mon ange, espérant que tu rencontreras des temps meilleurs que ceux où j'ai vécu.

Tu liras dans les romans et dans les poésies que le premier amour est l'amour vrai, unique par excellence.

Rien de plus faux. Autant vaudrait dire que le premier tableau d'un peintre doit être le meilleur de tous ceux qu'il peindra dans le cours de sa vie; que le premier discours, le premier livre, la première statue, la première composition, seront ce que feront de meilleur le député, le romancier, le sculpteur, le musicien.

***

Car l'amour est une œuvre dans la composition de laquelle cœur, esprit et sens entrent en jeu; ils doivent s'entr'aider pour élever ce temple où l'on rencontre le plus grand bonheur humain, pour tresser ce nid dans lequel une famille naîtra, s'élèvera, croîtra.

***

Les premières œuvres ont toutes les imperfections de l'incertitude, de l'inexpérience, de l'ignorance.

***

Le premier jeune homme agréable qui te regardera dans les yeux et qui, avec ses yeux, te dira qu'il t'aime, te plaira par le fait même qu'il te regarde, et tu seras disposée à le trouver beau et parfait.

Il ne tardera pas, et involontairement, à se faire passer pour plus beau, meilleur et plus parfait qu'il n'est, afin de te plaire, de conquérir, de provoquer ton amour,

En toi, la musique de la poésie et de la jeunesse augmenteront encore cette fausse beauté; et, sans le savoir, vous vous enferrerez à qui mieux mieux.

Puis si, à son « Je t'aime », tu réponds par le même mot, tu te trouveras liée par une promesse solennelle, peut-être par un serment.

L'amour-propre, alors, s'unira à l'amour, et il n'y a pas de lime qui puisse attaquer la chaîne qui sera rivée à ton pied. Si tu es avertie, trop tard, que tu t'es trompée, tu lutteras de toutes tes forces contre la raison qui voudra t'éclairer. Tu seras capable, non seulement de fermer tes yeux, mais de les crever pour ne pas voir la vérité. Pauvre petite, tu seras l'esclave de tes œuvres.

Laisse donc ce jeune homme te dire cent fois « je t'aime », avant de lui répondre les deux mots qu'il attend de tes lèvres avec une ardente impatience.

Fais mieux. Par ton attitude, empêche-le de les prononcer et si, dans la chaleur de l'admiration, ils lui échappent une seule fois, ne permets pas qu'il les répète.

En cela, les femmes sont maîtresses et tu pourrais me donner des leçons.

En admettant que le jeune homme te plaise, continue à l'étudier et compare-le avec d'autres, qu'ils te courtisent ou non.

Le mariage doit être un choix et l'on ne peut choisir sans comparer.

Plus la comparaison portera sur un grand nombre de sujets, et plus les probabilités seront grandes en faveur d'un choix heureux.

Décide-toi sans impatience. L'impatience est toujours un signe de faiblesse.

Tu connais ce célèbre général romain qui vainquit en attendant, attendant toujours.

Toi, dans la plus grave des batailles de la vie, tu vaincras en attendant, en attendant longtemps, en attendant toujours.

J'ai fait une grossière statistique des nombreux mariages qui sont tombés sous mes yeux, et je les ai divisés en mariages contractés entre très jeunes gens et mariages conclus entre gens d'âge mûr.

Dans cette seconde catégorie, j'ai trouvé un bien plus grand nombre de bons ménages que dans la première.

Dans les cas douteux ne prends conseil que de ta mère.

Les amies, même les meilleures, sont de dangereuses conseillères en fait d'amour. L'envie joue, incognito, un trop grand rôle dans leurs avis.

Si tu veux consulter des amies, ne le fais que théoriquement et par simple curiosité; n'attache aucune importance à leurs réponses.

Enfin, en quelque occurrence que ce soit, ne te confie qu'à des amies mariées déjà et non à des jeunes filles. Chez celles-ci, l'envie et l'inexpérience peuvent s'accorder pour t'induire en erreur.

Le désaccord entre un homme et une femme unis par les liens du mariage peut provenir de trois sources :

les sens ;

le cœur ;

l'intelligence.

Le plus grand de tous les malheurs se produit lorsque sont réunies toutes ces causes de discorde.

Le plus grand des bonheurs, s'il y a alliance des trois causes et accord entre elles.

La sympathie esthétique, l'admiration du beau sont la plate-forme sur laquelle se fait l'accord dans le premier cas. Avoir toujours la même opinion dans les questions de sentiment, adopter ou rechercher le même idéal te conduiront à l'accord des cœurs. Aimer les mêmes livres, les mêmes tableaux, avoir les mêmes goûts intellectuels, t'apportera l'accord des pensées, autant dire le paradis terrestre.

⁂

Pourtant, ne crois pas, ma chérie, qu'il n'y ait pas d'autres causes de mésintelligence en dehors de celles que j'ai classées dans ces catégories.

Il y en a cent, mille, mille autres moindres, petites, toutes petites, qui sont aux premières ce que les coups d'épingles sont aux coups de poing.

Ces dissonances de second ordre ne sont sensibles qu'aux oreilles délicates ; mais les femmes ont toutes l'oreille délicate, et toi, mon amour, tu es d'une extrême délicatesse par nature et par éducation.

Et je te connais assez, fillette, pour pouvoir dire que tu préférerais un désaccord complet à un rosaire de petites et continuelles bisbilles.

Du reste, on peut tuer un homme à coups d'épingles. Le tout est de posséder la cruauté nécessaire à cette opération.

Les petites dissonances naissent d'un regard, d'une parole, d'un geste de certaine nature plutôt que d'une autre.

* * *

A certains moments, un *oh!* ou bien un *ah!* hors de propos peut être une injure. Le mot *cher* prononcé de certaine manière peut être une insulte, et un soupir une tragédie.

Ah ! si les hommes connaissaient les femmes, et si les femmes n'ignoraient pas les hommes avant de recevoir le très saint sacrement du : *conjungo vos*, combien de mariage de moins et aussi, combien et combien de malheureux de moins.

* * *

Que dirais-tu, mon amour, si le mécanicien d'un train en partance, mourant brusquement, on appelait le premier venu, fût-ce un portefaix ou un avocat, un journaliste ou un médecin et qu'on lui dit :

— Montez sur cette machine et conduisez le train à destination.

Eh! bien, beaucoup d'hommes et presque toutes les femmes qui s'embarquent pour le mariage sont dans le cas d'un portefaix, d'un journaliste, d'un médecin, d'un avocat, qui voudraient s'improviser mécaniciens, sans connaître en rien le mécanisme d'une locomotive.

Circonstance aggravante ; la locomotive est une machine beaucoup plus simple qu'un cœur, un organisme, un cerveau humains.

Lorsque je pense à cela, je suis presque tenté de donner raison à tous ceux qui, à force de méditer sur les mille périls, sur les cent traquenards qui entourent le mariage, demeurent célibataires toute leur vie.

Pourtant, toi, ma très chérie, tu as été élevée de façon à être heureuse et à rendre heureux qui tu auras choisi pour mari; ton caractère est assez bon, assez doux, assez délicat pour remédier à quelques manques chez ton compagnon.

Tu sauras chercher, tu sauras trouver l'homme qui te rendra épouse heureuse et mère fortunée.

Tu as toujours aimé les choses difficiles et le mariage est la plus difficile de celles-là.

***

Tu as toujours pensé que le mariage est la somme de deux existences, de deux corps, de deux âmes, lesquels, unis l'un à l'autre, auront à produire non seulement des enfants, mais le bonheur complet d'un homme et d'une femme.

***

J'ai toujours protesté contre la présomption boiteuse et impudente avec laquelle hommes et femmes unissent leurs mains pour toujours, non seulement sans se connaître l'un l'autre, mais sans savoir de quoi est faite la pâte humaine, sans même avoir appris l'A, B, C, des caractères, sans avoir lu la première page du livre de l'âme.

La faute en est à personne et à tout le monde.

A personne, parce que l'on naît dans une société fondée sur de fausses bases, parce qu'on l'encombre de cent choses inutiles et que l'on se traîne dans la plus ténébreuse ignorance de ce qui est nécessaire au sain exercice de la vie.

Combien nombreux ceux qui ont lu Dante et Shakespeare, ceux qui jouent Beethoven, qui parlent trois ou quatre langues, et ne savent pas ce qu'est le caractère, quelles en sont les origines, quels leviers peuvent le diriger vers le bien, l'affiner, lui donner du ton.

***

Excuse cette comparaison trop grossière et trop arithmétique : suppose que le bonheur soit représenté par le nombre cent et que pour atteindre ce chiffre, votre concours, à tous les deux, soit nécessaire.

Si tu commences à mettre pour ta part soixante-dix ou quatre-vingts, il ne restera plus à ton compagnon qu'à mettre vingt ou trente, et la somme sera toujours atteinte.

Si tu peux donner quatre-vingt-dix tu obtiendra plus aisément qu'il donne dix. Je connais des ménages très heureux, dans lesquels la femme donne quatre-vingt-dix-neuf et l'homme seulement un. La généreuse femme n'a jamais trouvé son compagnon trop avare. La somme est toujours complète et le bonheur parfait.

Malheur à toi si tu soutenais à ton mari que tu ne veux mettre que cinquante, ni plus ni moins. Ton exigence l'offenserait et son tribut au bonheur domestique se réduirait bientôt à des proportions minuscules.

***

Dans cette addition, commence par mettre pour ton compte le plus que tu pourras d'amour, de bonté, d'indulgence, de tendresse, de prévenances délicates et de chères divinations, et alors le chiffre total atteindra une grosse somme, même si ton compagnon n'y apportait qu'une faible part de ces trésors de l'âme qui sont pourtant un des éléments du bonheur.

***

Car la femme doit toujours donner plus qu'elle ne reçoit. Elle est destinée par la nature au sacrifice, à la générosité, et, sur tous les autels, encens, tributs, adorations d'origine féminine sont en beaucoup plus grand nombre que ceux d'origine masculine.

***

Exige peu, très peu de ton mari, et tu auras parcouru plus de la moitié du chemin qui conduit à la paix du foyer. Ce faisant, tout ce que l'homme, toujours égoïste et toujours moins amoureux que la femme te concèdera en plus, te semblera un don inespéré, une chère surprise.

***

Si, au contraire, tu t'en rapportes au droit des gens, si tu mesures le doit et l'avoir du bonheur de la famille dans la balance de la justice, tu t'exposeras aux plus désagréables surprises, aux plus amères désillusions.

***

Les jeunes filles, quand elles se marient, ne connaissent l'homme que par les romans. Il est pour elle un ange ou un démon, et naturellement, comme l'époux ne peut pas, ne doit pas être un démon, il ne peut et ne doit être qu'un ange.

Au contraire, les hommes, ceux qui passent par la vie des villes et non par les pages des romans, ne sont que rarement des démons, mais ils ne sont jamais des anges.

Ce sont des animaux gracieux (quand ils sont beaux), qui s'aiment eux-mêmes avant toute chose et surtout avant leur femme ; ce sont des bipèdes sans plumes et intelligents qui cherchent dans la femme un accroissement de leur aisance ou une gouvernante qui tienne leur maison, une petite machine aimable et belle, avec laquelle on puisse perpétuer sa famille, une compagne de plaisir, une infirmière dans la maladie.

Ils se mettent un peu de poésie sur la peau comme ils se gantent les mains et comme ils se chaussent ; mais ils l'enlèvent vivement, à peine dans l'intimité de leur maison et comme ils jettent leurs gants dans l'antichambre et quittent leurs chaussures dans le cabinet de toilette pour mettre des pantoufles, de même ils laissent de côté la poésie qui les fatigue et les serre.

Ne t'imagine jamais qu'un fiancé conservera, une fois qu'il sera devenu ton mari, la poésie dont il t'entoure.

L'homme est comme le rossignol ; il ne chante que lorsqu'il fait l'amour.

Encore le rossignol, chaque printemps, renouvelle-t-il ses roulades.

L'homme est au-dessous de lui, à ce point de vue, car il ne lance au vent les trilles de sa poésie qu'en un seul printemps, lorsqu'il est soupirant.

Parfois, il est si pauvre de poésie qu'il est contraint d'en acheter ou d'en emprunter.

Entre bien d'autres, j'ai connu un poétique jeune homme et j'ai eu occasion de lire les lettres qu'il écrivait à sa fiancée; elles étaient littéralement copiées dans Foscolo et Gœthe. Le moins mauvais c'est que la jeune femme n'avait jamais lu *Jacopo Ortis* ni *Werther*.

Ce sont choses tristes et laides que j'écris là, mon enfant, mais il vaut mieux que tu les saches maintenant que plus tard.

Garde pour toi, intacte et sacrée, la poésie que tu as dans l'âme et que ta mère et moi nous avons toujours cultivée en toi. Avec elle tu orneras encore la prose de ton mari. Pourvu qu'il y ait des fleurs dans la maison, qu'importe le jardin où elles ont été cultivées.

FRAGMENTS

D'UN CODE DE DIPLOMATIE MATRIMONIALE

Lorsque le prétendant est devenu fiancé, lorsque le fiancé est devenu mari, le problème du bonheur domestique n'est pas encore résolu.

C'est l'avis des centaines, des milliers de malheureux qui invoquent le divorce et l'attendent d'un Parlement sans force et de ministères faits à son image et à sa ressemblance.

Il est bien rare que, dans une union malheureuse, la faute soit tout entière du côté du mari ou tout entière du côté de la femme. Dans la plupart des cas, la faute incombe à tous les deux. Parfois, même, elle se divise en deux parts tellement égales, qu'en vérité, se regardant bien en face, ils pourraient se rejeter de l'un à l'autre, en riant jaune, cette ironie douteuse :

— Tu l'as voulu, Georges Dandin !

Commence donc, ma chère fille, par apporter toi-même, dans cette grande association du bonheur en partie double, toute la somme pour laquelle tu dois contribuer.

Tu dois considérer ton mari comme une partie de toi-même, et t'en occuper comme tu le fais de tes mains, de ta figure, de tes entrailles.

Tu gouvernes mains, visage, entrailles en leur appliquant les règles de l'hygiène, guidée en cela par ton expérience.

Tu dois gouverner cette autre moitié de toi-même, qui est ton époux, avec les règles d'une savante diplomatie.

***

Ne t'épouvante pas de la brutalité de ces paroles.

Si, dans le monde politique, diplomatie veut dire l'art de se tromper mutuellement, en matière de mariage, ce mot signifie seulement la science de manier l'autre moitié de soi-même avec une accorte délicatesse, avec un amour constant, avec une profonde connaissance du cœur humain.

Pour t'indiquer d'un mot, l'orientation de cette diplomatie domestique, je te dirai qu'elle doit s'inspirer tout entière du plus saint des principes fondamentaux de l'Evangile, corrigé, pourtant et amélioré.

L'Evangile dit :

— Tu aimeras ton prochain comme toi-même.

A la femme on doit dire :

— Tu aimeras ton mari plus que toi-même.

A moins que tu n'aies épousé un homme indigne de ce nom, un égoïste de glace, un vicieux dépravé, un eunuque par le cœur, il t'aimera toujours beaucoup pour que tu l'aimes toujours et beaucoup.

L'amour, qui veut que nul ne soit aimé qu'il n'aime à son tour.

est un vers unique de la *Divine Comédie*, mais il est divin vraiment, parce qu'il gouverne presque toute la législation de l'amour; et tant que l'homme foulera au pied cette planète, les lois, les coutumes de l'humaine famille pourront changer, pourtant l'amour sera toujours le fils de l'amour.

Exige peu, très peu de ton mari, et il te donnera beaucoup, énormément.

Avec lui sois indulgente, et pour peu qu'il soit correct et t'aime, ne te mets pas en peine à chacune de ses distractions, à chacun de ses caprices.

Les hommes, vois-tu, ne sont pas comme les femmes qui en amour prodiguent tous les trésors du sentiment, toutes les ardeurs de la passion, tout ce qu'elles sont, tout ce qu'elles valent ; raison pour laquelle les péchés des femmes sont presque tous mortels, étant des sacrilèges commis envers un Dieu.

Les hommes aiment comme ils mangent, comme ils boivent, comme ils marchent. En eux l'amour est fonction de la vie, non pas toute la vie. Beaucoup de leurs péchés d'infidélité, presque tous même, sont simplement véniels. Quelques heures après ils oublient le péché et la pécheresse, et reviennent plus tendres, plus passionnés à leur fidèle compagne.

* * *

Combien de femmes par leurs protestations hautaines, par leur intolérance excessive, n'ont-elles pas détruit une famille, peut-être deux familles, coupant la retraite à leur mari, faisant d'un caprice une passion, transformant une contravention insignifiante en un crime digne des assises.

* * *

Beaucoup d'autres, au contraire, d'un soufflet qui ressemblait à une caresse, d'un reproche qui paraissait une plaisanterie ont su ramener au bercail la brebis égarée,

— Je sais tout, mais je te pardonne... Je sais que tu m'aimes toujours...

Quel est l'homme qui, à ces mots, ne se sentirait pas rougir jusqu'à la racine des cheveux, qui ne s'agenouillerait pas devant sa femme et n'implorerait pas son pardon avec la tendresse la plus ardente, avec une passion renouvelée par de nouvelle frondaisons, avec un redoublement d'amour.

Si ton mari n'a pas le courage de confesser sa faute, s'il se réfugie sur le rocher branlant du mensonge, laisse-le dire ; ris, souris et laisse-lui supposer que tu le crois, même quand il te dit les choses les plus absurdes du monde, même quand il se rend ridicule comme un galopin pris en faute.

J'ai toujours admiré une femme sublime et qui fut adorée jusqu'à la fin de ses jours par son mari, parce qu'elle feignit de croire que, rentré tard à la maison, il s'était trompé et avait pris un lit pour un autre.

Pour beaucoup ce fut l'apothéose de la lâcheté ou de la sottise, pour moi une des formes les plus hautes de l'amour héroïque et de la sagesse domestique.

Je souhaite pour toi et j'espère que tu n'aies que faire de cet héroïsme, mais tu dois t'en sentir capable.

J'ajoute, cependant, que ton mari doit en être digne.

Pour le vicieux abject, pour l'homme vil et sans caractère, aucune miséricorde, aucune pitié.

Si tu perds toute estime pour ton mari, détache-toi de lui, et si tu ne le peux légalement, trace avec ton doigt une ligne de feu qui vous sépare.

Le péché suggéré par un caprice ne doit pas être la trahison quotidienne et lâche ; il ne faut pas confondre faiblesse et paralysie.

Dans les conflits de goûts, d'idées, dans la direction de la famille, cède toujours à ton mari sur les petits détails afin de pouvoir insister en matière grave.

La contradiction perpétuelle, même si dans la plupart des cas elle est raisonnable, est une rouille qui corrode l'amour et le détruit.

Si tu veux savoir *vouloir* dans les questions qui intéressent ta dignité ou l'éducation de tes enfants tu dois apporter beaucoup de condescendance, céder volontiers dans les questions de peu d'impor-portance, telles que la toilette, la cuisine, les relations avec les indifférents,

Quand tu as une volonté, — et tu as autant le droit que ton mari d'en avoir une, — qu'elle s'appuie sur la raison et non sur une pointe d'aiguille.

Et quand tu exprimes une volonté, emploie la forme la plus douce du désir, le conditionnel de préférence à l'indicatif présent.

L'homme est tellement habitué à commander, tellement plein, tellement convaincu de son droit de maître, qu'il se révolte quand tu dis : *je veux* ; se cabre devant : *il faudrait*, et obéis à un : *ne te semble-t-il pas que...* ?

C'est diplomatie et sagesse ; c'est politique mais c'est aussi vertu.

Dans les entreprises plus difficiles, quand tu veux convaincre ton mari de faire une chose qui ne lui plaît pas, mais qui est juste, il faut assouplir les paroles et présenter les choses de manière qu'il croit vouloir lui-même ce que tu attends de lui.

Un mari de ma connaissance se vantait d'avoir une femme qui le secondait en tout et ne le contredisait en rien, ni dans les grandes ni dans les petites choses. C'était, en réalité, sa femme qui imposait toujours sa volonté et, pour le bonheur des siens, elle ne voulait jamais que des choses justes et bonnes ; mais elle avait rayé de son vocabulaire le verbe *vouloir* et le verbe *ordonner* ; c'étaient, pour elle, vocables tout à fait inutiles et, croyait-elle, fort dangereux.

En réalité, les femmes qui ont ces mots toujours sur les lèvres, ne réussissent jamais à vouloir et à commander, et doivent se résigner à une servitude qui les humilie et les déshonore.

Le mâle humain est un animal féroce que l'on apprivoise avec des caresses, des baisers, de douces paroles. Il se révolte et montre les dents contre qui hausse la voix ou le fouaille ; comme les lions, on le mène plutôt en lui donnant des friandises que des coups de cravache.

***

Tu adores ta mère et ta mère est une sainte qui n'a jamais vécu que pour moi et ses enfants ; mais quand tu prendras un mari, tu devras vivre seule avec lui.

Je souhaite que tu puisses fonder la nouvelle alvéole à côté de l'ancienne, celle dans laquelle tu es née : mais en aucune façon, ne demeure dans la maison de tes beaux-parents et ne t'installe pas dans la maison de ta mère.

Ton fiancé, à l'heure des extases, quand tout le cœur se remplit du miel des affections les plus douces et les plus généreuses, certainement te proposera de ne pas te séparer des tiens.

N'accepte pas cette offre qu'il serait ensuite le premier à regretter.

Ce n'est pas en vain que les proverbes, les comédies et les satires ont toujours pourchassé de leur humour, de leurs sarcasmes le beau-père et la belle-mère.

Ces proverbes, ces facéties sont le suc d'une expérience séculaire.

Je sais bien qu'il y a des familles patriarcales où un nid s'appuie sur l'autre dans une unique atmosphère d'heureuse béatitude.

Ce sont des exceptions rares, qui font le plus grand honneur à l'humanité, mais ce sont là des exceptions, je le répète, et si rares ! Et, quand on applique le calcul des probabilités à l'art de la vie, on doit compter sur les moyennes et les majorités.

Les motifs de dissidence, de contraste sont trop fréquents, les tristesses de la jalousie, des querelles d'influence, des haines entre belle-mère et gendre sont trop nombreux, pour que leurs rapports puissent se maintenir dans un ciel toujours bleu.

Ne mets jamais ton mari dans la triste nécessité d'offenser ta mère ou de te donner tort.

Aimez-vous de loin au lieu de vous haïr de près. Soyez gracieux entre vous, et toi, sois avec tes beaux-parents, tes beaux-frères et belles-sœurs, avec tous les membres de ta nouvelle famille, d'une amabilité pleine d'égards; prends garde de heurter les nouvelles affections par un éclat imprudent

Mieux vaut mettre de côté quelque tendresse en réserve pour les cas de nécessité. Se faire rendre une partie de ce qu'on a donné est chose dure et amère, c'est un germe de rancœurs et de repentir pour l'avenir.

***

Ne te fâche pas, ma fille chérie, si je te donne un conseil que je juge nécessaire.

Ne dis jamais à ton mari un seul, le plus léger mensonge.

Je te sais sincère et incapable de mentir, mais, ta nouvelle situation compliquant beaucoup tes rapports avec les gens et les choses, tu pourras peut-être te trouver en présence de ce cruel dilemme :

Ou dire un mensonge,

Ou causer un chagrin à qui tu aimes.

La plupart des femmes, dans cette alternative, quatre-vingt-dix fois sur cent, choisiront le mensonge.

Et elles le diront dans les cas les moins difficiles, par crainte d'être critiquées, de devoir se défendre ou se justifier ou bien d'être obligées de donner de longues et difficiles explications.

Alexandre trancha d'un coup d'épée le nœud gordien et cette solution, célébrée à travers les siècles, est devenue immortelle.

Les femmes chaque jour tranchent des petits nœuds qui se forment entre leurs mains, dans le démêlage de cette inextricable masse de la vie, et elles les tranchent avec cette petite épée qu'elles ont toujours sur elle, dans leur poche, à table, au lit, partout, et qu'on appelle le mensonge.

Ne mens jamais à ton mari !

Quel que soit le dilemme qui se présente devant toi, quel que soit le nœud qui se forme sous tes doigts, ne le tranche jamais par un mensonge.

Tu conserveras ainsi ta propre estime et ton mari te placera sur un piédestal assez haut pour qu'on puisse le comparer à un autel.

Un homme peut être fier d'avoir une femme jeune et belle, de l'entendre louer par tous pour sa culture pour son esprit, rien ne le flattera plus que de pouvoir dire :

— Ma femme ne sait pas mentir.

Dans le siècle hypocrite où nous vivons, où les exigences esthétiques et morales imposent chaque jour à l'homme des vertus qu'il n'a pas, dans lequel le mensonge nous enveloppe et nous étreint de la tête aux pieds, comme une limace baveuse qui, en passant sur une vigne, abandonne sa mucosité gluante et mal odorante: connaître un pic élevé et serein que le mensonge n'atteigne jamais, et pouvoir s'y réfugier en toute confiance, en toute sécurité, est une telle noblesse, une telle joie pour l'âme qu'elle suffit à faire bénir la vie.

Le boutiquier s'avilit avec ses falsifications; le médecin se rapetisse avec sa pitié; les petits adulent pour obtenir des faveurs, les grands promettent leur protection du bout des lèvres et s'empressent de rayer leurs promesses de leur mémoire. Dans les églises nous voyons beaucoup de gens agenouillés, mais peu de croyants; dans le Parlement, nous entendons une foule de paroles patriotiques, mais nous notons bien peu de sacrifices; dans les familles qui nous entourent nous n'apercevons que trahisons ou simonie.

Il y a pourtant dans tout ce désert un oasis toujours vert, où dans l'herbe ne rampent pas de serpents, dont les buissons de roses sont sans épines, où l'abeille n'a pas d'aiguillon, où le ciel ne connaît pas de nuages; et cette oasis est l'âme de notre femme.

Là nous nous réfugions, confiants et sereins, pour entendre un *oui* qui est toujours un *oui*, un *non* qui est toujours un *non*. Sur cette pierre de touche nous essayons l'or faux, les fausses pierreries, afin de savoir ce qu'elles sont, ce qu'elles valent, nous éprouvons toutes les petites et les grandes hypocrisies de la vie pour les voir s'envoler en fumée, comme un feu de paille qui brûle et se consume sous les rayons concentrés du soleil.

Ah! quel bien fait à l'âme le refuge que vous accorde un cœur sincère, franchement, courageusement et toujours sincère! Comme la poitrine s'élargit, comme les poumons avides absorbent l'air frais, tonique, grisant de la vérité absolue. Comme nous nous sentons consolés d'être hommes, et fiers que l'une de ces rares créatures de diamant soit à nous, toute à nous.

On éprouve quelque chose de semblable quand après avoir respiré pendant de longs jours l'air humide, palustre, fangeux du delta du Gange on s'élève sur les hauts plateaux de l'Himalaya, brûlant tous les miasmes, se lavant des germes de fièvre et de l'étouffement des paresseuses léthargies.

***

Si toutes les femmes connaissaient l'omnipotence de la sincérité, elles renonceraient, sur-le-champ, aux échappatoires mesquines des petits mensonges, à la tactique des grands mensonges ingénieux.

Les femmes mentent souvent et mentent bien; mais il n'y a pas d'art qui tienne, et pour dissimulées et fines qu'elles soient, qui réussisse à les rendre infaillibles.

Or, un seul mensonge qui sera dévoilé, suffira à te faire perdre le fruit de tous les autres mensonges plus heureux. De ce jour, toute sincérité deviendra inutile, toute affirmation laissera un doute ; à côté de chaque *oui* ou de chaque *non*, ton mari mettra un point d'interrogation. Tu as perdu pour toujours ta sainteté, tu as profané le temple dans lequel ton compagnon t'avait placée.

On n'est vierge qu'une seule fois dans la vie ; par ton premier mensonge tu as perdu cette autre virginité plus précieuse peut-être que l'autre, et qui faisait dire de toi que tu étais incapable de mentir.

Tu apporteras à ton mari toute une couronne de fleurs : ta jeunesse, ta beauté, tes grâces ; mais pourtant, l'une après l'autre, toutes ces fleurs se flétriront. Mais si parmi ces fleurs tu as entrelacé la sincérité, celle-là restera fraiche jusqu'au dernier soupir et toujours parfumée, et ton mari redressera fièrement la tête chaque fois que, devant tous, il pourra s'écrier : « Elle l'a dit ! » synonyme d'une vérité indiscutable, d'un dogme qui ne peut trouver de mécréants.

Crois-moi, ses yeux se mouilleront de tendresse, quand il ajoutera comme confirmation de cette parole :

— Ma femme ne m'a jamais menti !

Ton époux te jurera un amour éternel, et tu lui jureras un éternel amour. L'éternité n'appartient qu'à Dieu, mais elle est sur les lèvres de tous les amoureux.

Théophile Gautier l'a dit :

« Toute grande passion a la prétention d'être éternelle, et il est fort commode de se donner les bénéfices de cette éternité sans en supporter les inconvénients. »

Bien au contraire, toute affection, si forte, si sincère, si fidèle qu'elle soit, doit traverser les trois stades par lesquels passent inévitablement toute chose vivante ou qui appartient à la vie :

La naissance, la croissance et la mort.

Quant à la mort, j'admets avec toi que ton amour mourra seulement avec ta personne et que l'amour de ton mari ne se couchera qu'au déclin de sa vie. Mais, — il y a un mais — la croissance? Sera-ce un mouvement continu, comme tu te l'imagines, ou bien aura-t-elle des arrêts, des intermittences?

Des deux hypothèses, la seconde est la vraie. En amour, il arrive un moment où notre cœur et celui de la personne aimée ont donné tout ce qu'ils pouvaient donner; au-dessus, il n'y a plus que le divin créé par notre fantaisie et notre besoin de superlatif.

Cependant, comme le développement de l'amour est sa phase la plus belle, nous devons tout faire pour qu'il soit lent, très lent, et dure longtemps, très longtemps.

Le même Théophile Gautier a écrit que « en amour comme en poésie, rester en un même point, c'est reculer » et bien que ce ne soit pas tout à fait vrai, il y a pourtant, dans cette pensée une grande part de vérité.

Tu devras donc faire en sorte que de temps en temps, pour sa santé ou pour ses affaires, ton mari te laisse seule et demeure seul.

Ne le suis pas partout et toujours, ne te vante pas de ne pouvoir vivre un jour sans lui.

Je crois que tu souffriras de son absence et que lui-même partagera ton chagrin, mais ce seront deux douleurs qui prépareront pour vous une joie infinie.

Après un long jeûne, toute nourriture semble exquise; après une longue soif, toute boisson paraît délicieuse.

Il convient que, de temps en temps, vous éprouviez la soif de vos baisers, la faim de vos caresses.

C'est le moyen le plus sûr de maintenir l'amour au même point de tension délicieuse; et moi qui ai toujours adoré ta mère et qui mourrai en l'adorant, dès la première année de notre mariage, je me suis éloigné d'elle pour huit ou dix jours et, jusqu'aujourd'hui, tantôt sous un prétexte, tantôt sous un autre, j'ai conservé précieusement la même habitude.

A chaque absence, je trouvais au retour une nouvelle lune de miel; et encore aujourd'hui je crois que notre amour est toujours dans la période de croissance.

***

Le désir est la plante d'où naissent toutes les joies de l'existence ; tant que nous la maintenons en vie et que nous la cultivons avec une attention intelligente, nous sommes sûrs d'en recueillir toujours les fruits.

Au contraire, la plupart des hommes font comme les sauvages qui pour n'avoir pas la fatigue de cultiver une plante ou de grimper à la cime pour en cueillir les fruits, d'un coup de hache abattent l'arbre.

Ainsi agissons-nous quand, en une seule fois, nous satisfaisons tous les désirs, tuant la plante qui doit nous donner le plaisir.

Lorsque tu seras mariée depuis quelques mois, tu comprendras l'importance de ce conseil, qui suffit seul à assurer l'éternel bonheur du foyer domestique.

En certaines choses, ne dire ni *oui* ni *non*.

Fais comme ces marchands qui écrivent sur leur enseigne :

« Demain on fera crédit. »

Réponds à certaines demandes :

« Aujourd'hui non, mon chéri ; demain peut-être... »

Et arrange-toi pour que demain devienne après-demain et soit remis... peut-être éternellement.

Il faut que tu aies toujours quelque chose à donner à ton mari, tandis que l'amour qui est prodigue et fou, te suggérera peut-être de donner tout aujourd'hui et sur-le-champ, ce qui est la raison pour laquelle le plus grand nombre des amours ont la vie courte et délicate.

***

Je me rappellerai toujours que dans une conversation à laquelle prenaient part des jeunes gens, des vieillards et aussi de jolies femmes, des lettrés et des savants — tout un bouquet de très chères personnes — on se plaignait que les fleurs qui sont les choses les plus belles de ce monde vécussent si peu.

Une dame sentimentale s'écria :

— Les fleurs sont comme l'amour...

Une autre, plus sérieuse, très bonne épouse, excellente mère de famille, fit cette observation :

— Toutes les fleurs et toutes les amours ne sont pas fragiles ni caduques.

— Parfaitement, reprit un professeur de botanique. Il y a des orchidées qui durent des mois entiers sur leur tige et qui, même coupées, restent fraîches pendant des semaines... Ce sont les sempiternelles, puisque leur nom dit leur durée.

La sentimentale. — On entend toujours parler des fleurs en général et non des exceptions.

Le botaniste. — Même les fleurs communes peuvent se conserver indéfiniment au moyen de quelque artifice, et qui est allé à Berlin ou en Norvège a pu admirer, entre les doubles vitres des fenêtres, des bouquets étonnants de fleurs embaumées avec leurs couleurs naturelles.

La sentimentale. — Ce sont toujours des fleurs embaumées.

Une autre. — Moi, je voudrais savoir comment on pourrait embaumer les amours pour les conserver fraiches et colorées.

Le botaniste. — Au moyen de l'acide phénique... du sublimé corrosif, de la pommade arsenicale...

Ici un cri d'horreur, parti de tous les côtés, couvrit la voix de l'orateur.

— Pouah ! l'horreur ! quel sacrilège ! les savants sont toujours matérialistes, brutaux, insupportables... Mort à la science !

Un professeur de psychologie, qui s'était tu jusque-là et s'était contenté de regarder les jolies femmes, fit modestement observer que le botaniste n'avait rien dit de grossier, n'avait, ni peu ni prou, profané le sublime sentiment d'amour, car les affections subissent les influences extérieures et peuvent, sous leur action, croître, dépérir, ressusciter ou mourir tout à fait. A plus forte raison il doit exister des forces qui aident l'amour (conclut-il) à vivre, qui le conservent, qui lui donnent une longévité insolite... Le tout est de les découvrir et d'en user sagement.

La sentimentale. — Je voudrais un peu savoir ce qui conserve l'amour.

Le psychologue. — Par exemple la fidélité réciproque des deux êtres qui s'aiment.

La sentimentale. — C'est un cercle vicieux. S'ils sont fidèles l'un à l'autre c'est parce qu'ils continuent à s'aimer et, alors, il n'est pas besoin d'user d'antiseptiques.

Une autre. — Le meilleur conservateur de l'amour, c'est la jalousie...

Une autre (avec malice). — Non! c'est l'habileté à faire espérer toujours et à ne donner jamais.

La sentimentale. — En vérité? Eh bien! ce moyen me semble le meilleur pour faire périr l'amour de mort violente.

Une autre. — Cela ne fait pas grand honneur à notre sexe, mais je crois que le meilleur des antiseptiques est encore la coquetterie.

Une autre. — Bravo, bravo! surtout ne se jamais laisser voir dépeignée ou mal vêtue,

Une autre. — ...Et toujours tenir la dragée haute avant de la donner. Vous savez comme les carlins font le beau et gardent longtemps cette position incommode, quand on leur offre une gimblette de cette façon...

Presque toutes les femmes présentes à la conversation avaient pris la parole; une seule, la plus âgée, s'était tue jusque-là.

Elle était vieille, mais prétendait encore à la jeunesse, et grâce à l'art de sa couturière, de son parfumeur, de son marchand de teintures, elle réussissait à lutter contre les ans, avec quelque succès dans la pénombre du salon mal éclairé.

Elle frappa deux ou trois coups d'éventail sur la table, comme si elle eut voulu appeler l'attention de ceux qui se trouvaient là avant de parler; non contente de cela, en attendant le silence général elle se gargarisa la gorge de deux ou trois toussotements, puis d'une voix haute s'écria :

— Mesdames et messieurs, je ne sais ce que doivent faire les hommes pour conserver notre amour. Cela les regarde et je n'en ai cure. Je sais, cependant, ce que nous devons faire pour les tenir toujours agenouillés à nos pieds...

Elle se tut.

Comme la fin de son discours ne venait pas, de plusieurs côtés partirent des questions impatientes.

— Quel est donc, selon vous, le meilleur antiseptique de l'amour.

Nouvelle pause, nouveau battement d'éventail, et plus haut, toujours plus haut :

— *Le mépris!*

Alors un vieillard vénérable qui n'avait pas encore pris la parole et qui s'était contenté d'écouter avec un sourire voltairien toute cette discussion, un vieillard qui n'était pas professeur de psychologie, mais qui avait toujours étudié les hommes et les femmes avec un grand amour et une immense indulgence, dit :

— Voulez-vous me permettre de donner aussi mon opinion. Si je ne me trompe, j'ai vécu plus longuement qu'aucun de vous et j'ai vu plus d'hommes et plus de femmes que vous tous...

— Oui, oui... le meilleur antiseptique?

— Le meilleur de tous les préservatifs de l'amour, très aimables dames et honorés messieurs, c'est... c'est...

— C'est... c'est...?

— *C'est la pudeur !*

Tous et toutes se turent; ceux-ci de surprise, ceux-là emportés tout à coup dans un passé déjà lointain, d'autres ennuyés de ne pouvoir comprendre...

***

Pourtant, ma chère fille, ce vieillard était le seul de tous qui eut raison, et quand tu seras mariée, au bout de quelque temps, tu partageras son avis.

FIN

TABLE DES MATIÈRES

PREMIÈRE PARTIE

L'ART DE PRENDRE FEMME

DEUXIÈME PARTIE

DU CHOIX D'UN MARI

LE MANUSCRIT D'UN PÈRE

IMP. NOIZETTE ET Cie, 8, RUE CAMPAGNE-1re

www.ingramcontent.com/pod-product-compliance
Ingram Content Group UK Ltd.
Pitfield, Milton Keynes, MK11 3LW, UK
UKHW020102200726
13856UKWH00002B/343